U0936206

珍藏本·增订本

纪念版

汉译世界学术名著丛书

英国革命

1688—1689

〔英〕G. M. 屈威廉　著

宋晓东　译

George Macaulay Trevelyan

THE ENGLISH REVOLUTION

1688—1689

根据伦敦桑顿·巴特沃斯出版公司1938年版译出

汉译世界学术名著丛书
（120 年纪念版·珍藏本）
增订本出版说明

2017 年 10 月，为纪念商务印书馆创立 120 周年，本馆推出“汉译世界学术名著丛书”（120 年纪念版·珍藏本），计七百种。近五六年来，仰赖学界同人倾力支持，订正旧译，增补新译，拓展新著，积累日多。为满足读者需要，本馆在七百种的基础上，继续推出“汉译世界学术名著丛书”（120 年纪念版·珍藏本·增订本）三百种。至此，“汉译世界学术名著丛书”累计出版已达千种。

今后，本馆将继续推进丛书的翻译出版工作，在积累单本名著的基础上陆续分辑刊行，汇印出版。为促进中外文明互鉴、推动我国学术发展，使“汉译世界学术名著丛书”这项对我国学术文化有基本建设意义的重大工程发挥更大作用，诚望海内外学术界、翻译界继续给予支持，帮助我们把这套丛书出得更好。

商务印书馆编辑部

2024 年 2 月

汉译世界学术名著丛书
（120 年纪念版·珍藏本）
出版说明

2017 年 2 月 11 日，商务印书馆迎来 120 岁的生日。120 年前，商务印书馆前贤怀揣文化救国的理想，抱持“昌明教育，开启民智”的使命，立足本土，放眼寰宇，以出版为津梁，沟通中西，为中国、为世界提供最富智慧的思想文化成果。无论世事白云苍狗，潮流左右激荡，甚至战火硝烟弥漫，始终践行学术报国之志，无改初心。

迻译世界各国学术名著，即其一端。早在 20 世纪初年便出版《原富》《天演论》等影响至今的代表性著作，1950 年代后更致力于外国哲学和社会科学经典的译介，及至 1980 年代，辑为“汉译世界学术名著丛书”，汇涓为流，蔚为大观。丛书自 1981 年开始出版，历时三十余年，迄今已推出七百种，是我国现代出版史上规模最大、最为重要的学术翻译工程。

丛书所选之书，立场观点不囿于一派，学科领域不限于一门，皆为文明开启以来，各时代、各国家、各民族的思想与文化精粹，代表着人类已经到达过的精神境界。丛书系统译介世界学术经典，引领时代思想，为本土原创学术的发展提供丰富的文化滋养，为推动中国现代学术和现代化进程做出了突出的贡献。

为纪念商务印书馆成立120周年，我们整体推出“汉译世界学术名著丛书”120年纪念版的珍藏本，寄望既利于文化积累，又便于研读查考，同时向长期支持丛书出版的译者、编者和读者致以敬意。

两甲子后的今天，商务印书馆又站在了一个新的历史时间节点上。我们不仅要铭记先辈的身影和足迹，更须让我们的步伐充满新的时代精神。这是商务人代代相传的事业，更是与国家和民族的命运始终紧密相连的事业。我们责无旁贷，必须做好我们这代人的传承与创造，让我们的努力和成果不仅凝聚成民族文化的记忆，还能成为后来人可以接续的事业。唯此，才能不负前贤，无愧来者。

商务印书馆编辑部

2017年10月

译 者 前 言

《英国革命 1688—1689》(*The English Revolution 1688—1689*)的作者是英国著名历史学家屈威廉(George Macaulay Trevelyan,1876—1962),该书共分八章,主要介绍的是英国历史上著名的"光荣革命"。史学界公认,正是通过"光荣革命",英国最终确立了君主立宪制。因此,这次革命在英国历史上和世界历史上的地位是不言而喻的。作为一位著名的辉格-自由学派史学家,屈威廉对"光荣革命"的解释基本上代表了现代英美史学界的主流观点,具有很高的学术价值。

乔治·麦考莱·屈威廉是 20 世纪英国乃至世界范围内最为著名的历史学家之一。他出身名门,一生勤耕不辍,可谓著述等身,获得了无数的荣誉。1927 年,他成为剑桥大学钦定近代史讲座教授,因为其在史学方面的卓越成就,他还成为了英国功绩勋章的获得者,一生可谓备极荣宠。他的许多史学著作也受到了广泛的重视和推崇。我国著名学者钱端升在 20 世纪 30 年代初,就将他于 1926 年出版的《英国史》(*History of England*)翻译成了中文,认为"屈勒味林的《英国史》一出版而最佳单本历史之誉便舍它莫属"。对屈威廉,钱端升则称之为"英史中之时者",可谓

推崇备至。①

屈威廉是19世纪著名辉格派史学家、政治活动家托马斯·巴宾顿·麦考莱(Thomas Babington Macaulay)的外孙,从某种程度上也是麦考莱史学传统和政治观点的继承者。自近代以来,英国的史学界就像政界一样存在着两大流派,托利－保守学派和辉格－自由学派。随着自由主义的迅猛发展,到19世纪二三十年代,在英国史学界,许多托利派的观点已经让位于辉格－自由派的观念。麦考莱就是这一时期辉格派最出色的史学家和政治上的代言人。麦考莱鼓吹自由主义,反对君主专制,反对陈腐的君权神授观念,但他也坚决地反对阶级斗争和暴力革命的思想。他在其历史著作中宣称,英国的全部经验表明,摒弃革命不仅是可能的,也是适当的。他在1828年写道:“我们还不知道有一次绝对不能以及时的友好妥协来预防的革命。”他指出:“温和的让步可以纠正一切,调整一切,保持一切。”通过对比英国和法国的历史,麦考莱更加确信,英国是各国人民最优良的范例。他在1852年11月2日发表的议会演说中指出,英国在1848年之所以没有发生革命,英国人之所以拥护他们的政府,是因为:

“我们知道,我们的政府虽然不是个十全十美的政府,却是个好政府,它的弊病可以通过和平方式和合法方式加以改正;它从来没有断然拒绝过正当的要求,我们得到了无比可贵的让步,其办法不是靠擂鼓,不是靠鸣钟,不是靠毁路筑障,不是靠奔向铁匠铺操

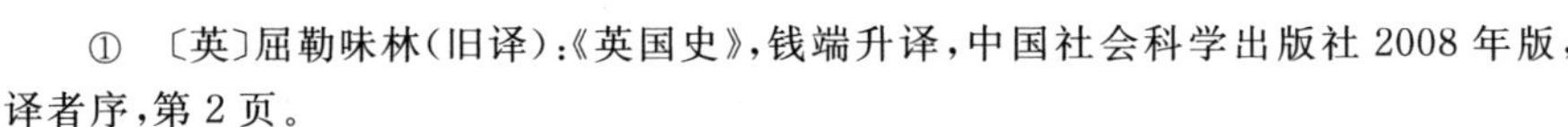

① 〔英〕屈勒味林(旧译):《英国史》,钱端升译,中国社会科学出版社2008年版,译者序,第2页。

刀拿枪，而只是依靠理智和舆论的力量。”①

基于此，1688 年的“光荣革命”自然也就成为了麦考莱竭力赞扬歌颂的历史事件，用恩格斯的话说，“光荣革命”在麦考莱笔下成了“世界上存在的最出色的事件”。

作为麦考莱的外孙和 20 世纪初英国学术界自由主义的领军人物，屈威廉在很大程度上继承并且发展了麦考莱的观点。在屈威廉的著作中，渐进的变革始终是他竭力赞颂的观点。他指出：“英格兰的议会不是哪一个人创造出来的，既不是西蒙也不是爱德华，它是逐渐长成的，而不是一朝造成的。英格兰人民因为具有健全的常识和善良的本性，一向都是喜欢委员制而厌恶独裁制，要选举而不要巷战，要谈话的酒馆而不要革命的法庭。”②

屈威廉和麦考莱一样，也给予了“光荣革命”以极高的评价，认为“‘光荣革命’不仅是英国历史的一个转折点，也是世界历史的一个转折点”。因此，《英国革命 1688—1689》一书，虽然相较于屈威廉的其他许多大作显得篇幅较小，但更加集中地体现了他的政治思想和历史观念。屈威廉将“光荣革命”称为“历史上最具有英国特色的东西”，因为“它建立在明智、妥协和宽容的基础上”（原书第 37 页）。

和麦考莱一样，屈威廉对暴力色彩浓重的英国内战和法国大革命也采取了贬斥的态度。他指出：“这次革命（1688 年光荣革

① 〔英〕拉尔夫·密利本德：《英国资本主义民主制》，博铨、向东译，商务印书馆 1988 年版，第 27 页。

② 屈威廉：《英国史概要》（*Illustrated History of England*），伦敦，1956 年，第 178 页。

命)值得赞赏的地方不在于歇斯底里的吼叫和骚动,而在于冷静、谨慎、智慧的悄声细语,这些胜过了所有的喧闹声。”屈威廉认为,这次革命的真正“光荣”之所在,并不是为了保证革命的成功只使用了最低限度的暴力,而是在于,“这次革命的解决方法为后世的英格兰人民找到了一个避免使用暴力的办法”(原书第 9 页)。

毫无疑问,麦考莱和屈威廉的历史观点有其自身的阶级局限性。一味否认或贬低暴力革命在人类历史发展中的作用,即使是在英国历史的发展中,也不尽符合历史事实。事实上,屈威廉自己在书中也承认,正是由于对再次爆发内战的恐惧,才迫使绝大多数英格兰人,包括曾经势不两立的两大敌对政党联合起来完成了一次不流血的“光荣革命”。对此他引用了一句英国的古老谚语:“被烧伤过的孩子害怕火。”

屈威廉和麦考莱对“光荣革命”的颂扬自然有其深厚的历史背景。纵观英国的发展道路,不得不承认,渐进的改革相较于暴力革命占据了主流。和世界上其他国家相比,英国的历史也较少血腥暴力的色彩。我国著名的政治学家张君劢先生就曾经说过,学政治(学),要在英国,学哲学,要在德国。因为政治的要义就在于妥协,对立双方能够在必要时做出明智的让步。

近些年来,我国学术界对英国这种和平渐变的发展模式也给予了越来越多的认可和肯定。和平改革相较于暴力革命毕竟会少付出许多代价,人民也不必承担许多不必要的痛苦和牺牲。但“告别革命”并非易事,改革的道路也并不容易走得通。特别是在那些革命已成为习惯,缺乏谈判和妥协传统的国家,变革往往是以改革开头,以暴力冲突结尾,不杀个尸横遍野、血流成河,就难以分出胜负，最终还是回到了暴力革命的老路上。因此，像“光荣革命”这样“不流血的革命”的确并不容易做到。英国历史上，像“光荣革命”这样的例子也并非罕见。从中世纪议会制度、普通法制度的形成和发展，到19世纪三次具有划时代意义的议会改革，我们都可以看到那种冲突与变革在发展中相融合的英国模式。因此，作为一种成熟而且成功的发展模式，英国的发展道路的确有许多我们可以借鉴和学习的地方。

要学习，就要对这些历史事件进行认真的个案分析，从中总结出经验教训。作为一个“最具有英国特色”的案例，屈威廉对光荣革命的分析和总结有许多独到之处。例如，他在分析“光荣革命”的影响时指出，“光荣革命”不仅确立了议会占主导地位的君主立宪制，更重要的是，它还为英格兰的宗教宽容和司法独立奠定了基础，而这两项成果对现代社会的建立具有至关重要的作用。宗教宽容是思想自由和政治自由的前提条件，而司法独立则是建设一个法治社会的基础。

“这种宽容和尊重法律的根深蒂固的习惯，在‘光荣革命’后的一百年间深深地渗入了英格兰人的心灵之中，并在新时代的压力——民主运动、‘法国革命’、巨大的产业变革所产生的诸多社会问题来临的时候，产生了作用。……19世纪初，工业革命的受害者在为他们所受伤害寻求补救方法的时候，他们要求的是选举权和议会改革，而不是推翻整个制度。这种令人高兴的选择，部分是由于英格兰的民族特性，但更大程度上应该归功于英格兰的国家制度，它使被压迫者看到了一条躲避灾害的途径。‘光荣革命’从根本上挽救了王权和其他很多东西。”（原书第243—244页）

另外一个需要提到的地方就是屈威廉的文风。屈威廉不仅在很大程度上继承了麦考莱的政治观点，而且其叙事风格和文笔也深受麦考莱的影响，两者都是文笔优美，叙事生动。麦考莱希望他的历史著作即使在少妇眼中，也能和最时髦的小说竞争。屈威廉则认为他首先要做到的，就是要使自己所写的一切东西能使广大读者感到有趣，两人都成功地达到了自己的日的。钱端升先生在评价屈威廉的《英国史》一书之所以被世人所推崇时，总结了四点主要原因：一是范围的广大，二是材料的宏博，三为文笔的卓绝，四为涵义的深长。他认为屈威廉的著作中，“流畅的叙述，生动的摹绘及深刻的论评无一或缺”。

事实上，这些评价几乎可以应用到屈威廉所有的著作中。例如本书中屈威廉在总结“光荣革命”前后托利党和辉格党的区别时，用了一句简短，但很精辟的评论：“1689 年的‘革命解决方法’不是哪一个政党的胜利，而是两个主要政党之间的一个协议——自己活，也让别人活（to live and let to live）。”一句话道出了英国现代两党制的精髓。

屈威廉的文风与其所信奉的历史哲学是密不可分的。和麦考莱一样，屈威廉也认为历史的价值应该首先是其教育价值。屈威廉在 1913 年出版的《历史女神》一书中论证了自己所理解的历史学家的责任和任务。他反对将历史学完全科学化、实证化，反对专家垄断历史研究，认为历史应该是英国民族文学的一部分，而把历史当作科学的想法，是与把研究成果以吸引人的形式传达给广大民众的英国旧理想相矛盾的。他指出，史料本身永远不能说明我们想知道的一切，因为想象对揭示古人行为的原因是异常重要的。

屈威廉宣称，摆在历史学家面前的有三项任务：首先是学术的任务；其次是使自己的想象自由的任务；最后是文学的任务。屈威廉断言，“历史就是故事”，它的“最后的价值……不是科学价值，而是教育价值”。[①]

屈威廉关于历史学的思想是对19世纪后期盛行的科学万能主义和实证主义史学思想的一个有力反动，对英国20世纪史学的发展影响深远。屈威廉反对把历史当作科学，并不是说他不注重史料的客观性，研究方法的科学性；相反，他的治史态度是非常严谨的，他反对的只是打着科学的旗帜将历史学教条化、程式化的错误做法，从而使历史学失去群众基础和生命力。这些对于当代中国历史学的发展，也有着很有价值的借鉴意义。

长期以来，由于意识形态等原因，屈威廉本人及其历史著作在中国备受冷落。虽然他的著作在国际历史学界影响很大，但被翻译成中文的只有1926年出版的《英国史》一书，而且还是钱端升先生早在1931年翻译的，这不能不影响到我们对英国历史的了解。英国的历史发展道路和国情与我国有着很大的差别，在研究英国史时，中国学者与英国学者之间在看待问题的方式上还是存在着不小的分歧。作为一位深受自由主义和英国历史文化浸润的知名学者，屈威廉的许多观点我们未必会认同，但却可以为我们提供一个不同的看问题的角度。

屈威廉学识渊博，著作丰富，笔者只是想借本书中译本出版之

① 〔苏〕K.Б.维诺格拉多夫：《近代现代英国史学概论》，何清新译，生活·读书·新知三联书店1961年版，第77页。

际，希望能唤起学术界的注意，使这位有重要影响的历史学家的作品，能够更多地在我国翻译出版，填补我国英国史、世界史研究中一些空缺，也使我国广大的普通读者更好地了解英国的国情和历史文化。建设一个民主与法治的社会，我们的确可以从英国的历史中借鉴到许多经验。

笔者在翻译过程中，幸蒙商务印书馆杜廷广编辑的大力支持和协助，在此深表谢意。译文如有不当之处，敬请读者和行家指正。

宋晓东

2015年1月

目　　录

第一章　导言 7

1

为什么历史学家们认为1688年革命重要呢？它配得上“光荣”——这个长久以来与众不同的称号吗？“明智的革命”也许会是一个更合适的名称，能够更清楚地彰显它和其他革命的不同之处。

不过即便这次革命的确是“光荣”的，其光荣之处又在何处呢？它不是那种拿破仑式的光荣。这种光荣也与那种浪漫和戏剧性的场面、参与者的英雄主义行为无关，虽然这些也确实激发了人们的想象，使人们热血沸腾。七位主教穿过道路两旁跪下的民众走向伦敦塔；威廉的舰队在清教之风中驶入托湾；詹姆斯二世，跟随着他的妻儿，逃亡到了法国，再也没有回来——毫无疑问，这些都是留在人们记忆里的具有传奇色彩的事件。接下来在苏格兰和爱尔兰发生的那些事件更具有血腥味儿——克力克兰基战场上两军的怒吼，伦敦德里城墙上拼死的搏斗，波因河上呼啸的滑膛枪和长 8
矛。但是，所有这些，不是像巴士底狱的陷落或者拿破仑的帝国，标志着一个新的时代、一种新的恐怖的诞生。它们是那些四十年前就被提出来的问题，在更英勇、更大胆、更具有创造力的一代人手中，得到不同于以往、更有创新性的解决。

与当年查理一世试图逮捕的五名议员相比，詹姆斯二世起诉的七名主教更温和、更保守。但是第二个故事读起来更像是第一个故事的重复：在这两次事件中国王都鲁莽地攻击受到法律保护和首都群众舆论支持的民众领袖。在这两次事件中国王都很快倒了台。当然也有许多不同之处：在第二次事件中，没有爆发内战，因为在1688年甚至骑士党人（后来命名为托利党）也反对国王。但是这次革命中的人们，詹姆斯和威廉、丹比、哈利法克斯、桑克罗夫特、邓迪，他们所利用的力量、党派和思想观点，都是当年劳德、斯特拉福德、皮姆、汉普登、海德、克伦威尔、鲁伯特、弥尔顿等人首先利用或提出来的。在后面的这次革命中并没有什么新的思想观念，因为即使是宗教宽容这样的观念，在当年克伦威尔的军营中也早已被热烈地讨论过了。但是在1688年，通过妥协、折中、宽容，从旧的党派中产生了新的组合，在老的问题上产生了新的、令人高
9 兴的思想转变，虽然这种转变只是在英格兰而不包括爱尔兰。在一个英雄的时代问题被提了出来，经过了一个理性的时代问题得到了解决。狂热的圆颅党人和骑士党人开垦了土地，冷静的辉格党人和托利党人则收获了果实。

诸多理想的破灭使人们变得清醒，到1688年，人们经历了双重的幻灭感，先是克伦威尔圣人式的统治，然后是詹姆斯君权神授式的统治。但不管怎样，过去的经历已经使人们畏惧再一次的内战。俗话说：被烧伤过的孩子害怕火。这次革命值得赞赏的地方不在于歇斯底里的吼叫和骚动，而在于冷静、谨慎、智慧的悄声细语，这些胜过了所有的喧闹声。

这次革命的真正“光荣”之所在，并不是为了保证它的成功只使用了最低限度的暴力，而是在于，这次革命的解决方法为后世的英格兰人民找到了一个避免使用暴力的办法。先人们在外国军队

的帮助下，战胜了一个头脑糊涂的国王，因为他迫使他的十分之九的臣民都不得不在法律、政治和宗教这些根本性的问题上起来反对他，这种胜利并没有什么特别的光荣之处。在双方力量如此不对等的情况下，如果祖辈们失败了那才真正是整个民族的耻辱。 10
在这场短暂的、未流血的革命中，光荣属于威廉而非英格兰人。威廉制订了详尽而周密的计划，不惮风险跨海远征，英格兰人所做的只是在威廉和他的军队登陆时万众一心地举帽欢呼而已。

但是对于英格兰来说，也有着真正的光荣：在詹姆斯二世被推翻的政治巨变中，不管是在战场上还是在刑场上，都没有流下英格兰人的鲜血。虽然爆发内战的各种因素都已具备，但英格兰人民的政治天赋使得他们避免了又一次的内战。他们的敌人、法国的路易十四确信，如果威廉在英格兰登陆，这个党派分立的岛国将会再一次陷入长时间的混乱和争斗之中。否则，他本来可以出兵威胁荷兰边境，阻止威廉的跨海远征。

但是在 1689 年 2 月召开的议会大会，将英格兰人民团结起来，阻止了法国的企图。通过明智的相互妥协，当年圆颅党人和骑士党人、国教徒和清教徒之间，先是在艾芝西尔和纳斯比，四年后又在塞奇摩尔结下的血海深仇终于得到了化解。辉格党人和托利党人，在团结起来共同反对詹姆斯二世的过程中，抓住了这个转瞬即逝的联合起来的机会，共同缔造了一个新旧参半的政体，这就是后来历史上称之为的“革命解决方法”（Revolution Settlement[*]）。

* “Revolution Settlement”一词在汉语中很难找到很准确的、对应的翻译。钱端升先生在翻译屈威廉的《英国史》一书时，将其翻译为“革命解决”；也有人将其翻译为“革命的安排”，似乎都未能尽达其意。这里暂且译为“革命解决方法”。——译者

11 在这种政体形式下，英格兰从此得以享受和平。不管对于教会
还是国家，这个“革命解决办法”都证明具有稳固的特质，它几乎
没有变动地一直维持到了 1832 年议会改革法案的通过。在接
下来的 19 世纪和 20 世纪里，社会发生了迅猛的变化，但“光荣
革命”所缔造的宪政基础依然支撑起了越来越民主化、越来越庞
大的上层建筑。从长远看，这就是光荣革命的“光荣”，它不间断
地燃烧了 250 年，它不是那种凶猛的、短暂的、具有摧毁性的
火焰。

詹姆斯二世的被驱逐的确是一个革命性的行动，但是这次革
命的精神却完全是与革命“背道而驰”的。这个革命不是要推翻法
律，而是要维护法律，反对一个破坏法律的国王。这个革命不是要
在政治上或宗教上迫使人们必须去服从某一种意识形态，而是给
予了他们法律之下的自由。这次革命既是自由的又是保守的，而
大多数革命则两者都不是，它们所做的就是推翻法律，然后除了一
种意识形态外绝不容忍其他的存在。但是在这次革命中，教会和
国家的两大政党联合起来，从詹姆斯二世的手中拯救了这个国家
的法律。革命成功后，在 1689 年 2 月共同和分别成为时局的主宰
12 者之后，不管是辉格党还是托利党，都不会再容许自己的民众遭受
迫害，不管这种迫害来自于君主还是反对党。在这种情况下，“革
命解决方法”的要旨就是法律之下的个人自由，这种个人自由既是
宗教方面的，也是政治方面的。历史上的所有革命之中，最保守的
革命往往也是最自由和最开明的。假使詹姆斯只是被辉格党或托
利党单独推翻的，在他倒台后随之而来的这个解决办法就不会如

此开明，或者如此长久存在了。[1]

在思想和宗教领域，个人自由的获得是通过放弃这样一个长期以来坚守的信条，即一个国家内所有的人民都必须是国教的一名成员。1689 年的《宽容法案》给予了非国教徒宗教信仰的权利，虽然他们在政治上还没有得到完全平等的权利。由这次革命开启的这个时代的宗教自由和宽容精神是如此强大，以至于这种权利很快就扩展到了那些罗马天主教徒，虽然这只是在实际生活中，并未得到法律上的真正认可。而从某方面说，天主教徒就是这次革命所针对的目标。

在这样一个相似的时代精神下，个人的政治自由逐渐确立起 13
来。1695 年出版审查制度被废除，法官在政治问题的处理上更加温和和公正，更重要的是辉格党和托利党在政治上的权力制衡，在双方相互对抗的旗帜下，几乎每一个人都可以以某种方式找到庇护。通过这些方式，英国人那种具有鲜明特色的、关于言论自由和个人权利的观念，得到了极大的增强，这都要归功于这次革命与众不同的特色。

詹姆斯试图将国王置于议会和法律之上。这次革命，虽然将行政权留给了国王，但却将他置于了法律控制之下。从此以后法律是由独立的、国王不能撤换的法官解释的，并且只能根据议会法案更改。同时，议会通过每年的《兵变法》，使得军队不得不依赖于

① 导言里所指的只是英格兰。在苏格兰，1688 年冬天的那场革命主要是由长老会教徒和辉格党人主导的，圣公会教徒没有提供多少帮助，因此苏格兰的 1689 年革命解决方法只是长老会教徒一方制定的。其结果就是在苏格兰连绵不断的内战，直到 1746 年。在爱尔兰，革命解决方法是一个最野蛮的、种族和宗教方面的再征服。

议会存在。议会下院通过拒绝一次性给予威廉终生的财政拨款，从而获得了与政府进行讨价还价的权力，并使得自己的地位变得比上院更加重要，而查理二世和詹姆斯二世都曾经获得过这种终生的财政拨款。事实上，在“光荣革命”以后，下院逐渐获得了对国
14 王行政权的控制，这种控制是通过在威廉、安妮、前两个乔治国王时期逐步发展起来的内阁制度获得的。所有这一切，1689 年时的人们都没有预料到，他们的目标就是将国王的权力限制在法律的范围内，而这些法律则是由那些倾向于议会的律师做出解释。但是在沃尔波尔和彼得父子任首相时期，汉诺威王朝的宪政体制，根据时代发展的需要，径直超出了革命解决方法之外。

这次革命一直被认为是一次贵族性的革命。事实上，是全国人民、所有的阶级联合起来促成了这次革命。但是在一个仍然以农业为主的社会里，不管是经济结构还是社会结构，都使地主们成为了农民的天然首长。当需要起来反抗政府时，那些贵族和乡绅，例如托利党的丹比勋爵和西摩尔勋爵，辉格党的德文勋爵和什鲁斯伯里勋爵，就承担起了领导的责任。当这个国家处于紧急状态时，除了他们没有其他人可以担当起领导的责任。内战伊始，圆颅党和骑士党的军队都是由同一个阶级——贵族地主阶级组织起来的。在克伦威尔军政府统治时期，这个阶级的领导权曾经暂时消失过，但在 1660 年王政复辟后，这种统治权又重新完整恢复。在 1689 年以后，这种领导权依然继续，直到工业革命后一个新的社
15 会秩序逐渐建立起来。即使詹姆斯能够成功地建立起一个专制王权，在那个时代，他也必须通过贵族和乡绅们进行统治。詹姆斯曾经试图利用那些担任郡守和治安法官的贵族和乡绅来推行他恢复

天主教的政策，但是他们像其他人一样反对他。詹姆斯没有其他的官僚机构来进行统治，导致了他的必然失败。

就此来说，这次革命的确是地主阶级力量的一次展示，不管是托利党还是辉格党。他们之所以在政治上力量如此强大，是因为那个时代他们在英国社会的构成中，的确是不可缺少的。那个时代任何形式的英国政府，都必须通过他们才能运转。

应该指出的是，贵族地主阶级不只是从这场革命中受益，它在促进国家的法治、商业和普通民众的幸福等方面做出了同样巨大的贡献。这次革命最坏的后果并不是所谓的增加了贵族阶级的权势，而是产生了在整个18世纪都一直持续的一种过分的保守主义。在未来的许多年里，由于人们对詹姆斯二世的许多所谓“创新”的反对，就给予了维护传统制度过分的肯定。詹姆斯为了恢复天主教和建立专制制度，对市镇的法人团体进行了改造，侵犯了大学和教会的自由，并试图将议会下院进行改选。因此，在18世纪， 16
政府和议会都害怕对市镇、教会、大学和议会制度进行改革，即使是为了建立一个更加廉洁和有效的政府。因为詹姆斯看待宪章就像是一张废纸，所以18世纪的人们就把这些羊皮纸奉若神明，认为不管上面写了什么都是正确的——只要它是一个宪章就行。“光荣革命”后的一百五十年是英国历史上最保守的一段时期，虽然这绝不意味着它是不自由、不快乐、不繁荣的。

柏克之前的辉格党政府和柏克之后的托利党政府，都对“光荣革命”的解决办法尊崇备至，它变成了极端保守主义的一面旗帜。对沃尔波尔、布莱克斯通、柏克、埃尔顿，和19世纪早期反对雅各宾主义的托利党来说，1689年就像是创造的最后一年，当上帝俯

视英格兰的时候，它看上去是那么完美。

但是当这种极端保守主义的心态最终消失的时候，在迅速变革的新时代里，当年的“革命解决方法”依然是国家的基础，在过去的一百多年里，英国人仍然生活在其中。国王与议会和法律的关
17 系；法官的独立地位；议会的每年召开；下院在财政问题上的最高权力；英国国教的地位；对宗教上持异议者的宽容；除了服从陪审团的意见以外，不受其他限制的、政治上的言论和出版自由；简而言之，一个为自由人民建立的君主立宪制，是英国政体的基础，真正奠定这个基础的是那些起来反抗詹姆斯二世的辉格党人和托利党人、贵族、乡绅、律师、商人，以及普通民众。

但是除非有力量支持自由，否则自由就无法生存。革命解决方法给了英格兰人自由的同时也给了他们力量，马尔波罗战争很快就证实了这一点；在18世纪英格兰从未如此安全和强大，特别是在1707年英格兰和苏格兰的议会合并之后，整个英伦三岛在革命的基础上联合了起来。

在伊丽莎白女王去世后到1688年革命的这些年里，议会和国王之间持续的斗争使得英格兰在世界面前显得虚弱无力，虽然在克伦威尔统治的短暂时期他给予了英格兰力量，但代价却是巨大的。国内纷争占据了人们的精力和注意力；有时国王和反对他的政治家都依靠法国的补助金；议会由于无法持续地控制政府的政
18 策，所以在向政府提供拨款时总是小心的和苛刻的。在斯图亚特王朝时期，外国总是将英格兰的议会看作是力量虚弱的根源，认为它总是妨碍着行政权的执行：英格兰的宪政体制被轻蔑地与波兰的做类比。

但是在“光荣革命”以后，世界开始看到，当英国的议会制政府完全地建立起来后，能够变成国家力量的源泉。那些曾经因为不信任国王而被拒绝通过的拨款，现在慷慨地给予了拥有议会信任的政府。这些钱必须每年通过一次议会表决，而不再是给予国王终生享用，议会同时还要监督这些钱的使用。通过这些严格的条件，威廉、安妮、几个乔治国王得以充分运用国家的资金，这是以前的国王从未享有过的。而且，这个“革命政府”在拥有议会信任的同时也拥有城市的信任。建立在税收基础上的国债制度是英格兰获得力量的关键。“革命财政”使马尔波罗有力量在战争中击败强大的国王（路易十四），自由和宗教宽容的国家战胜了《南特敕令》的取消者。战争胜利的一个结果，就是使18世纪欧洲的哲学家们转而反对政治上的专制主义和宗教上的不宽容，将这些归咎为国家衰弱的原因，进而向世界宣称英格兰独特的优点就是“教会和国家美好的宪政体制”。

当谈到威廉和安妮时期，进而包括18世纪的多次战争时，克拉克教授这样写道：

“在包括法国和普鲁士在内的几乎所有地方，军国主义和专制主义都是携手并进，但是使英国动员其力量的是革命解决方法。国家的大政方针是由人数很少的一些大臣确定的，这些大臣掌握了关于外交、财政、军事、商业等各部门的全部信息。通过议会，大臣们可以为他们的政策使用整个国家的财富和人力……议会是一个开会的地方，在这里不同的经济利益得到协调并结合在一起，从而使政府获得充分的支持。”①

① G. N. 克拉克（G. N. Clark）：“晚期斯图亚特”（“The Later Stuarts”），载《牛津英国史》（*Oxford History of England*），1934年。

通过这种方法，英国不仅得到了政治和宗教自由，还得到了整个国家的力量，这种力量胜过了法国那种没有限制的君主制的力量。这就是为什么现代的历史学家认为“光荣革命”不仅是英国历史的一个转折点，也是世界历史的一个转折点。

第二章　查理二世的统治 20

任何人在对詹姆斯二世统治时期发生的事件，和由此产生的革命解决方法进行有成效的研究之前，他都必须首先问几个问题。在这个世纪的前几个季度里国家和教会都发生了什么事情？在詹姆斯即位之时，英格兰的政党和舆论又是处于一种怎样的状况？

查理二世从1660年到1685年的统治，从某种角度看，可以说是用复辟方法永久解决英国宪政体制问题的失败。这并不是说复辟方法总体上说是一个失败：它最大的优点就是它以最小的流血和报复，稀释了克伦威尔革命时期的仇恨，恢复了国王、议会，以法治取代了军事独裁。但是这种对各党派暂时的安抚和法治的恢复，在1660年只能通过一种方法才能做到，那就是在王权和议会之间建立一种平衡，这种平衡暂时推迟了君权原则和代议制原则之间最终的较量。这种平衡，克拉伦登相信，是政治智慧的顶峰， 21
是英国宪政体制真正和最终的平衡。再不要有斯特拉福德这样的人！再不要有皮姆这样的人！* 这是一个律师的政治观，带有一个律师思想的所有优点和缺点。不管是国王还是议会，都不能对

---

* 斯特拉福德和皮姆分别是查理一世时期保王派和议会派的代表人物。——译者

之过于信任。法律和惯例应该成为这些权力的界限，不管什么权力都不能越过这个界限。这种制度太棒了！

但是，如果国王和议会发生了争吵该怎么办呢？在发生分歧的情况下，谁具有决定权？这两种都只具有一半主权的权力如何来统治和引导这样一个正在发展中的国家和帝国？这种王权和议会之间的平衡，的确对于复辟时期的重建工作具有无可估量的价值，但是却不能成为一个长久的解决办法。在相互协作的两种权力之间很快就发生了争吵，首先就发生在查理二世和他自己的骑士议会之间，这个议会是在他从流亡中回来后，在一种狂热的保王主义氛围中选举出来的。这场争吵在 1667 年终结了克拉伦登的政治生涯及其政治体制。

阿瑟·布莱恩特最近写了一本关于查理二世的很出色、很具有吸引力的书。该书对查理二世采取了赞扬的态度，纠正了以前一些不公正的评价。布莱恩特先生是一个很好的传记作家，但是
22 我认为他对当时法国对欧洲的危险性认识不够，这种危险性因为查理二世 1670 年签署的《多弗条约》大大增加了。而且布莱恩特先生对宪政史不感兴趣，因此未能看到当时议会对王权必然会持有的态度。骑士议会一直不肯给查理二世足够的钱，并不仅仅是因为其嬉乐无度，而是因为议会无法控制他的花费，也不信任他的政策。秘密的《多弗条约》向后人证明这种不信任是完全正确的。直到议会能够监督其所批准的财政拨款——这是“光荣革命”以后的事了，企望议会，即使是一个骑士议会，来为国家的需要投票通过足够的拨款，都是毫无希望的。因为在议会对财政支出拥有控制权之前，即使它能够就拨款问题进行自由投票，它也不可能成为

国家的最高权力机构，而只能沦为在都铎王朝时期那样的地位。没有哪个议会，不管是骑士党还是托利党控制的，会给查理二世和詹姆斯二世足够的钱在国内和国外执行积极的政策，因为在这些政策的决策上，议会缺乏有效的控制。

复辟解决办法只是王权和议会权力之间一个暂时的妥协，既
有优点，也有缺点。在这样一个主权被分割的政治体制下，英格兰 23
既无法在国内实行强有力的统治，也无法在面对着日益强大的法国时，维持她的海上强国地位、她的世界贸易和她的帝国。在她能够向她命中注定的目的地前进之前，首先，她或者变成像她的海外对手那样的一个专制政权，由国王控制税收；或者她发展出一种这个世界从未有过的新的政体，在这个政府里，下院可以决定国王和他的大臣们的政策。在1688年的“光荣革命”决定了英国要走两条道路中的后一条之后，由下院控制的国家钱包就向政府自由地敞开了，因为这个政府是议会可以信任和控制的了。

值得注意的是，这个问题是在1660—1678年的骑士议会时期浮出水面的。在这些年里，骑士党或者托利党，[①]以下院为工具，在对抗国王，捍卫议会的权利和权力时，一点也不比皮姆、汉普登
等这些当年的圆颅党领袖差。虽然对清教主义和长期议会的宗教 24
政策充满了敌意，骑士-托利党人还是承继了长期议会的政治遗嘱，将他们自己变成了与宫廷相对抗的议会党。

在国内事务上，骑士议会和查理二世争吵的主要问题是宗教

① 除了日期之外，很难在托利党和骑士党之间做出一个明确的区分。正是在1679—1681年围绕着排斥法案进行的斗争中，托利党这个名字取代了骑士党这个名字，辉格党这个名字取代了圆颅党这个名字。

宽容问题。如果要了解查理二世和他弟弟的统治时期，就必须明白复辟后在宗教问题上采取的解决方法，这种解决方法在“光荣革命”中只是做了修改，并没有被完全推翻。

事实上，在接下来的两百年里，英国政治上的一系列斗争，都是围绕着是取消，还是保持和修改1660年制定的教会问题解决方法展开的。直到维多利亚女王统治时期，托利党和辉格党这两个名字，相比于其他含义，更意味着国教徒和非国教徒在利益上的对立。

复辟解决方法使圣公会取代清教再次成为英国的国教，恢复了它的财产和特权，它的成员垄断了地方和国家行政机构、两所大学的管理权和任教资格。而且，除了英国国教的宗教仪式外，举行
25 其他的宗教仪式就要以犯罪论处。曾任大臣的非国教徒巴克斯特、《天路历程》(*Pilgrim's Progress*)的作者约翰·班扬都曾经被关入监狱。公理会信徒只能冒着风险，秘密集会。这些在1662年至1665年通过的严酷法律，一般被统称为《克拉伦登法典》。但是，事实上，真正制定出这些法律条款的是那些骑士议会的乡绅，而不是克拉伦登，更不是克拉伦登那位好脾气的主子。

查理二世对那种使他同时代的许多人犯下暴行的宗教热情毫无兴趣。他的天主教信仰，和伊丽莎白女王、纳瓦尔的亨利*的新教信仰一样，是一种环境和经历的结果，而不是那种发自灵魂深处的热情，由于受到怀疑论的影响而近于无神论。他的政策是加强王权，反对骑士议会里具有压倒性优势的国教势力，手段就是利用

---

* 纳瓦尔的亨利即法国国王亨利四世，波旁王朝的第一位国王。——译者

国王执行法律的皇家特权，帮助那些受到迫害的非国教徒，其中也
包括天主教徒。借此方法，他希望将非国教徒作为他卑贱的仆婢
和臣属保留下来，就像中世纪的国王为了他们自己的打算，保护犹
太人免遭民众的迫害一样。此外，查理二世之所以希望保护罗马
天主教，是因为在伍斯特战役中天主教徒救了他的命；如果他会有 26
任何宗教信仰的话，他可能会是一个秘密的天主教徒。不过他知
道他不会被允许保护天主教徒，除非他也同样地保护那些属于新
教的非国教徒。因此，他发布了“容忍宣言”，依据他的国王特权，
暂停了部分迫害性法律的执行。骑士议会对宣言提出挑战，认为
其不合乎宪法：他们宣称，对议会法律的执行进行干涉，已经超出
了国王的权力范围。查理二世因为需要议会的拨款，也不想惹出
麻烦，最终对议会让步，取消了《容忍宣言》，承认其不合乎法律。
以宗教宽容为代价，宪法保护下的自由赢得了一场伟大的胜利。
虽然查理二世后来被迫放弃了宣言，但用发布宣言的方式搁置法
律的执行，这种做法在后来却被詹姆斯二世重新使用，并且其后果
更加令人难忘。

因此，《克拉伦登法典》的通过和强制执行，责任不在于斯图亚
特王朝，而在于议会下院。动机也不主要在于宗教迫害。复辟时
期英格兰的地主乡绅所急于进行的是政治报复，而不是宗教宣传。
他们迫害宗教上的异端分子，目的并非是想拯救异端分子的灵
魂——对此乡绅们连抬抬腿的力气都懒得花，而是为了防止非国
教徒的再次崛起——推翻国教、处死国王、没收地主们的财产。 27
“决不允许他们卷土重来”，这是骑士议会对清教徒的态度。正是
基于这种思想，他们制定了一系列措施来压制非国教徒。在他们

看来这是唯一有效的办法，可以永久地压制圆颅党人，防止推翻王座和祭坛的旧事重演。在一个英国国教徒看来，鉴于当时的形势，这种立法部分也算是情有可原，但有些立法的确是应该受到谴责的，尽管所有这些立法在当时能通过是很自然的。这种迫害并非是无缘无故的，仅仅是出于残忍冷酷，就像路易十四取消了《南特敕令》那样。这些法律的通过并非是因为宗教狂热，而是出于对刚刚经过的残酷斗争的恐惧。

但是，刚刚经过了清教徒的威胁，又来了天主教徒的威胁。到骑士议会临近结束的时候，在签署《多弗条约》和最后一次荷兰战争之时，罗马天主教的危险再次变得明显了。宫廷里有主要影响力的人物：国王最信任的大臣，他的兄弟和继承人，他的王后，以及他的大多数情妇，都是天主教徒，他的外交政策也是倾向于同情天主教的。就是基于这样的原因，议会通过《宣誓条例》（The Test
28 Act）来保卫英国国教。这项法案直到1828—1829年才被撤销。《宣誓条例》规定，任何在政府和军队中担任公职的人，都必须按照国教规定的仪式参加圣事，否则就是违法的。这种利用宗教仪式来检验政治态度的办法，以现代的观点来看是很令人厌恶的，但在当时却被认为是将天主教徒排斥在政府公职之外的唯一有效的办法。因为光靠宣誓和发表声明是不够的，在那个时代，这些办法经常被人们采用，但大部分人并不真正地遵守这些誓言和声明。但是天主教徒是不会参加一个异端教派的宗教圣事的。因此，这种圣事宣誓办法在150年的时间里都行之有效，成功地将天主教徒排斥在了公职之外。附带地它也将许多属于新教的非国教徒排斥在外，虽然新教徒中的一些人并不反对参加国教的圣事，这些人也

被称为“偶尔尊奉者”。

1673年《宣誓条例》的首批成果之一，就是免去了约克公爵、王位继承人詹姆斯的公职。虽然天主教徒不能再持有公职，但是王位继承权却不受此法限制。詹姆斯虽然不能再担任海军上将，但将来却可以登上王位。到那时，遵守还是废除《宣誓条例》就成 29
为了他和他的新教徒臣民之间的主要问题。

虽然骑士-托利党议会反对查理二世在国内采取的对新教徒和天主教徒的宽容政策，也反对他亲法的外交政策，但是，他们的争吵远没有查理二世与接下来的三届辉格党议会（1679—1681年）的争吵那样激烈。毕竟这些托利党人都是当年保王党人的后代，而辉格党人则是圆颅党人的后代。因此当辉格党议会在沙夫茨伯里的领导下激烈地反对国王，看起来要将当年内战时的老问题和激情重新复活时，本能立刻促使所有托利党的乡绅和教士紧密地团结在了国王周围。

托利党人和辉格党人的分歧并不仅仅在于他们反对王权的程度有所不同，根本的分歧在于宗教方面。托利党人是国教内的“高教会派”，他们的目标是通过《克拉伦登法典》压制非国教徒，并最终将新教和天主教从这个本来应该是清一色国教徒的岛国上彻底根除掉。辉格党由国教内比较宽容的“低教会派”和清教徒组成，
目标是保护非国教各教派免遭迫害，并希望将来能够在与国教的 30
斗争中转败为胜。辉格党和托利党都反对罗马天主教，但是每当反对天主教的呼声高涨时，辉格党往往受益最大，因为这时一般的教会人士都会忘掉对清教徒的恐惧。

在查理二世统治的最后几年里，辉格党人和托利党人之间发生的争吵有许多根深蒂固的原因，并在排斥法案的问题上达到了高潮。辉格党人想通过这个法案取消国王的弟弟、当时的约克公爵詹姆斯的王位继承权。已经开始暴露的《多弗条约》，以及在1672年荷兰战争中与路易十四的结盟，使所有党派中的新教徒都警觉到了宫廷中日益增长的法国和罗马天主教的影响。1678年，詹姆斯的秘书科尔曼与路易十四的忏悔神父之间通信的事情败露，他们策划在路易十四的帮助下消灭英格兰的清教主义。这些“科尔曼信件”，其实是提图斯·奥茨编造的教皇阴谋的一部分，但是这些信件的发表却产生了可怕的后果，公众也由此轻信了奥茨编造的这些无耻的谎言。的确是有一个天主教阴谋，不过这时它还潜藏在王位继承人的心中，直到六年后詹姆斯成为国王时，它才显现出来。

31　如果不是托利党或者英国国教的那些人坚持严格的世袭制原则，詹姆斯永远不可能成为国王。在1679—1681年连续三届议会中，在关于排斥法案问题的斗争上，托利、辉格两党的组织、名称固定了下来。在这个问题上，辉格党人坚决要求排斥詹姆斯王位继承权的做法是正确的；相比于他们的对手，他们更有长远的眼光，他们认识到一名狂热的罗马天主教徒作为英国国王，是不可能真正履行好国家首脑的职责和特权的，也不可能成为一名真正的英国国教的保护者和管理者。十年之后，托利党人也欣然加入了将詹姆斯推下王位的行动，而且通过法律明确规定，天主教徒再也不能成为英格兰的国王，而当年正是他们不遗余力地将詹姆斯扶上了台。

不过在其他方面，辉格党人却误入歧途很深。在沙夫茨伯里勋爵的领导下，辉格党人不仅有当年圆颅党人的那种宗教狂热，还增加了轻浮草率。这时的辉格党人，与之后以萨默斯和沃尔波尔为代表的温和派辉格党人相去甚远。

辉格党领袖们并不满足于排挤詹姆斯，而且希望将查理二世的私生子蒙莫斯扶立为王储。能有一位辉格党人做国王那就再好不过了。

为达此目的，一些辉格党人准备忽略掉詹姆斯的两个信奉新 33
教的女儿——玛丽和安妮的合法王位继承权，其中也包括玛丽的丈夫、奥伦治的威廉的继承权，根据血缘关系，威廉对英格兰王位也有一定的权利。

在当时的英格兰政坛，威廉和玛丽的利益是由托利党大臣丹比维护的。除了有时出于党派斗争的需要，辉格党人并没有清楚地认识到过度扩张的法国的危险性，以及由此产生的英格兰与威廉和荷兰保持亲善的必要性。事实上一些辉格党人在暗中拿的法国人的钱，并不比他们所反对的国王拿得少。在这一时期，有两位英格兰政治家——威廉·坦普尔爵士，一位外交官；丹比勋爵，托利党领袖——充分抓住了本国内政和外交政策之间关系的实质。他们都清楚地看到，英格兰和荷兰必须合力反对法国，否则，两者都会屈服于法国的霸权。基于这个原因，丹比很幸运地安排了一桩婚事（1677 年）——奥伦治的威廉和詹姆斯信奉新教的女儿玛丽之间的婚事，威廉是荷兰的执政官，玛丽是詹姆斯假定的继承人。事实证明，这桩婚事，是一个最具有政治才能的杰作，它最终
瓦解了路易十四征服世界的计划，因为它成为了革命解决方法的 34

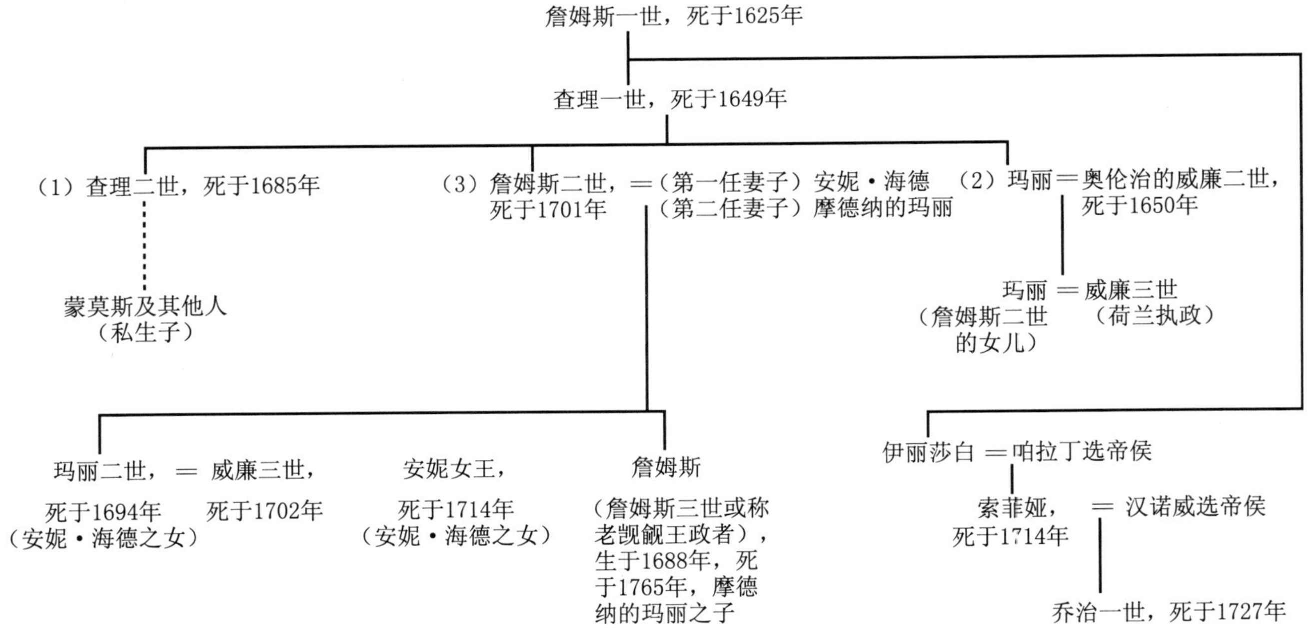

詹姆斯一世，死于1625年

查理一世，死于1649年

（1）查理二世，死于1685年

蒙莫斯及其他人
（私生子）

（3）詹姆斯二世，＝（第一任妻子）安妮·海德
死于1701年　（第二任妻子）摩德纳的玛丽

玛丽二世，＝威廉三世，
死于1694年　死于1702年
（安妮·海德之女）

安妮女王，
死于1714年
（安妮·海德之女）

詹姆斯
（詹姆斯三世或称老觊觎王政者），生于1688年，死于1765年，摩德纳的玛丽之子

（2）玛丽＝奥伦治的威廉二世，
死于1650年

玛丽＝威廉三世
（詹姆斯二世的女儿）（荷兰执政）

伊丽莎白＝帕拉丁选帝侯

索菲娅，＝汉诺威选帝侯
死于1714年

乔治一世，死于1727年

斯图亚特王室系谱图

王朝基础。

但是，在1678年丹比倒了台，坦普尔则缺乏政治上的勇气。有一段时间，威廉的利益在英格兰被所有的党派都忽略了。辉格党人怀疑奥伦治家族的专制主义传统，因为他们在荷兰一直反对共和党。所以许多辉格党人希望蒙莫斯登上王位。托利党人则将希望寄托在詹姆斯身上。在查理二世的统治行将结束之际，激烈的党派斗争使大家都忘却了温和和谨慎。在这场愚蠢的对抗中，托利党人和辉格党人将英格兰的国内外利益都扔到了一边。结果是，作为一种可能的政体形式，由于1679—1681年三届议会的所作所为，议会制政府的声誉被严重地削弱了。在天主教阴谋事件期间，他们对罗马天主教徒的残忍行为，在法国引发了对胡格诺教徒更加系统和持久的迫害。对私生子蒙莫斯的支持，利用下院对 35
行政权和司法权肆意的侵害，辉格党人的这些行为震惊了许多温和的人。在他们看来，“1641年又要再次到来”，另一场内战正在迅速靠近。那时的人们急于避免再一次内战的心情，就像今天的我们急于避免另一场和外国的战争一样。* 为了避免这种灾难的发生，人们聚集在了国王的周围。1681年辉格党的力量被粉碎了。与之相伴的是议会权力的削弱，直到七年后，革命以一种更加稳固和令人满意的方式恢复了它的力量。

查理二世的性格既愤世嫉俗又宽容温和，他虽然不那么有开创性，但仍是一个非常有才能的政治家。他给了辉格党人足够长

* 作者撰写这本书的时候，正值20世纪30年代德国法西斯准备发动侵略战争，英国奉行的是妥协退让的绥靖政策。——译者

的绳子，直到1681年他们用绳子绞死了自己。接下来是托利党人办这种蠢事。他们为自己热爱的教会准备了倒霉的一天，他们慷慨地给予了国王许多权力，而这个王位马上就要被一个欧洲最顽固的罗马天主教徒所继承。他们帮助国王取消了许多自治市镇的特许状，因为这些自治市镇是辉格党人控制的，他们梦想着利用王权将这些自治市镇转归托利党人的手中。在他们的帮助下，保王
36 党人的恐怖统治建立了起来。在骑士议会时期，就像我们所看到的，托利党还是一个议会党，而且很快他们会再如此。但是在1680—1685年的这几年里，在反对沙夫茨伯里和辉格党议会的狂怒情绪中，他们变成了一个宫廷党。托利党真正的传统、天赋和力量，只有在它是一个议会党时才能展现出来。归根结底，他们是反对专制主义的。但是现在他们的举止和言谈就好像他们拥护专制主义一样。这是托利党人一次严重的失误，所产生的恶劣后果直到18世纪中期才慢慢消失。①

托利党人的失败是他们自己一手造成的。托利党人宣称王权世袭是英国国教神圣不可动摇的一个信条，与之相伴的另一个信条就是对王权的绝对不抵抗主义。他们的神学家和政治家一再宣称，不管一个暴君的行为多么不合法和残忍，臣民都无权武装反抗
37 世袭的国王，因为世袭的君主制有着神圣的根源。1683年牛津大学发表了一个官方声明，声称无条件的不抵抗主义"在某种程度上

① 这是现代托利党历史学家研究的一个主题，在关于托利党的命运和信仰方面，牛津大学的基斯·菲林（Keith Feiling）先生撰写的《托利党史（1640—1714年）》（*The History of the Tory Party*，1640—1714）比我所能写的要更加权威，但是他的主要观点我并不赞同。

就是英国国教的标记和信条”。教区的神职人员对此也随声附和。随后发生的事情很快就证明这一信条对英国人的自由是否是致命的——或者仅仅对托利党的逻辑而言。

在1678—1685年，辉格党和托利党人的行为是如此疯狂和恶劣，以至于成为了一个心理学上的谜团，在这些行为中，我们几乎发现不了任何我们所熟悉的那些英国政治的特点：仁慈、庄重和明智。辉格党和托利党人的举动看起来就像是那些神经质和易冲动的一些南欧种族。他们向对手咆哮、尖叫，披着法律的外衣欺压和暗害对方，除了自己的利益什么都不考虑，甚至由于纯粹的愚蠢和冲动而违背了他们自己的利益。然而，几年之后，同样是这些人参与制定并遵守了“革命解决方法”——历史上最具有英国特色的东西，如果可以这样说的话，它建立在明智、妥协和宽容的基础上。出现这种情况的一部分原因，是由于两党为自己所犯下的明显错误而受到的惩罚。那个时期的政治领袖们至少还是聪明人，他们从挫折中学到了经验。辉格党人和托利党人在政治上转向理智的改革道路，是詹姆斯二世统治时期英国无意中得到的最大收获。

事实上，两党中那些最狂暴、最恬不知耻的领袖：沙夫茨伯里、 38
桑德兰、杰弗里，在1688年革命之前或期间就从政治舞台上消失了。在制定“革命解决方法”中起领导作用的那些人，像托利党方面的丹比和诺丁汉，辉格党方面的什鲁斯伯里和德文勋爵，还有像哈利法克斯这样的机会主义者，他们都与前些年那些疯狂的党派斗争无关。即使是在查理二世统治的最后那几年里，在英国政坛上仍然残留着一些头脑清醒的人，最具代表性的人物就是哈利法克斯侯爵乔治·萨维尔——“机会主义者”，哲学家式的政治

家——他对极端行为的厌恶使他总是远离当时那些掌握权力和滥用权力的党派。

在经历了教皇阴谋和《排斥法案》事件的风暴后，查理二世统治的最后四年是和平的四年。这种和平不是共识下的和平，而是一种征服下的和平。辉格党已经被粉碎了，看起来已经没有复兴的希望了。一些辉格党领袖策划的暴动，以及他们的下属策划的试图刺杀查理和詹姆斯兄弟的黑麦仓阴谋，导致的只是辉格党的
39 毁灭和广大民众对清教徒、辉格党更加强烈的憎恨。出版审查制度限制了新闻自由，如果对现有秩序发表不满的言论和文字，就会受到法官和陪审团严厉的惩罚，若干年前辉格党人曾经用这种办法镇压天主教徒，现在却被用来镇压他们自己。主要的辉格党领袖在绞刑架上为他们所犯下的暴行和愚蠢付出了代价，例如拉塞尔和西德尼勋爵。或者，像沙夫茨伯里那样，在流亡中死去。其他的辉格党贵族和乡绅纷纷避居在他们的乡间宅院，远离了宫廷和城市，庆幸他们以完全退出政坛为代价换得了国王的宽恕。受他们庇护的那些人，非国教徒中的新教徒，辉格党中的普通成员，再次受到了《克拉伦登法典》最严厉的迫害，但这些法典不再用来迫害天主教徒。通过采取暴力威胁、阴谋串通，或者一些非常可疑的法律程序，市镇的法人团体在劝诱或强迫下交出了他们拥有自治权的特许状，接受了根据国王的意志签发的新的特许状。这些重组的市镇法人团体里塞满了托利党人和保王分子。如果这个时候
40 重新召开议会，下院里的托利党和保王分子将会占到绝大多数，因为不仅公众舆论反对辉格党，不仅辉格党的组织已经被解散，而且

许多选邑的选举人团体也被用同样的办法进行了重组。

查理本来可以有一个完全遵从他的意愿的下院，但是在他的最后四年里，他选择了根本就不和议会再打交道。自从王朝复辟以来，议会的召开还没有间隔过如此长的时间，事实上，根据 1664 年通过的三年法案，这样的做法是不合法的。这显示了宪政的天平向王权一方倾斜到了怎样的程度。

既然查理二世暂停了议会的召开，他每年就不能得到新的财政补助。但是这时他还不必诉诸非法的税收。通过严格的经济节约，他设法依靠现有的收入生活，这包括在他刚即位时骑士议会拨给他终生享用的一大笔收入，还有路易十四给他的补助金。只要国王不要议会，因为经济的原因，英格兰就无法在那些反对法国国王称霸欧洲的小邦国中，充当领头羊的角色。因此，英格兰的外交政策，与国王是否可以不要议会独立进行统治这个问题是紧密相关的。

宫廷党在查理二世统治的最后几年里，在被称为“机会主义 41
者”的哈利法克斯的带领下，渴望能够与议会合作，反对法国。在最近的一届议会里，由于哈利法克斯领头反对辉格党的企图，因而赢得了托利党人和保王分子的感激和支持。但是哈利法克斯未能成功地说服查理二世重新召开议会和反对法国。当 1685 年 2 月 6 日查理二世去世后，整个形势都发生了改变。

詹姆斯二世在欢呼声中毫无疑义地继承了他的哥哥的王位。过去五年里，在那些强硬派托利党人之中，他甚至比他的哥哥更受欢迎，这些人的惯例就是在喝酒时跪在地上高呼“好啊”，来为他的健康干杯，并以此作为他们开会时大声呼喊的口号。辉格党人试图将詹姆斯排斥出王位继承之外的做法反而使他成为了那些没脑子的托利党人的偶像。他们确信詹姆斯会比他的哥哥更好地成为一个真正的托利党国王，从而为他们的目标服务。他们乐观地相信，他们授予他的权力，就像晚年的查理二世一样，会被他用来支持国教和托利党，粉碎非国教徒和辉格党。他们从来没有想过反
42 对这位上帝的受膏者，因为在接下来的几年里，他们坚决对两个问题视而不见：天主教在英格兰的位置和法国在欧洲的霸权。詹姆斯一定会将这两个问题一起提出来的，他的亲密顾问是那些来自法国的耶稣会士，除了议会提供的资金，詹姆斯的经济来源就是路易十四这位《南特敕令》的取消者和未来荷兰的征服者的金钱。在西欧，天主教问题和法国问题是联系在一起的同一个问题，既然詹姆斯已经登上王位，英格兰就不可能回避这个问题。作为英格兰国王和一个狂热的天主教徒，詹姆斯和路易十四的联盟如果长久持续下去，不仅会严重威胁到英格兰、荷兰和欧洲新教教会的宗教独立，也会危及到欧洲各国的政治独立。因此，西班牙和神圣罗马帝国皇帝，甚至教皇也以意大利统治者的身份，与荷兰和德意志的新教诸侯结成联盟，在威廉的旗帜下，共同反对路易十四和他的附庸詹姆斯。在即将到来的欧洲危机中英格兰人民如何行动将成为决定性的因素，他们对欧洲政治知之甚少，甚至一窍不通，但当他们的宗教和自由受到攻击时，他们却马上警醒起来。

43 （对于这一历史时期论述最全面的著作是《查理二世统治时期的英格兰》[*England in the Reign of Charles Ⅱ*, by David Ogg, Fellow of New College, Oxford Press, 1934, 2 Vols.]）

第三章　詹姆斯二世的统治 44

这就是 1685 年詹姆斯二世继承王位时英格兰政坛和舆论的状况。我们现在看看在他统治时期发生的那些奇怪的事件，这些在三年时间里发生的事件，将当时政坛现存的各种成分融合成了一个全新的联合体，并将这个联合体一直保持在熔点的温度，直到“光荣革命”后，作为这次危机的坚实而且持久的残留物——“革命解决方法”的出现为止。

> 查理二世去世前的四年反动时期，模糊了当时英国政治的关键问题，即：没有任何合乎逻辑的办法可以协调托利党的政治理论（君权神授、不抵抗主义）和他们的宪政意识以及他们的宗教信仰。詹姆斯二世的统治注定要撕掉这层虚假的面纱，将这种相互矛盾之处赤裸裸地、令人厌恶地、挑战性地展示出来。①

一位托利党的历史学家如是写道。

不过在詹姆斯登基后的头几个月，他与托利党的蜜月仍在继 45

① 基斯·菲林：《托利党史（1640—1714 年）》，第 203 页。

续。詹姆斯在加冕的当天就在枢密院发表了一个声明，这个声明被印刷出来广为散发，所有真正的托利党人和英国人都为它欢欣鼓舞：“我曾经被谣传为一个喜欢专制权力的人，这种对我的造谣中伤已经不止一次了。我将会努力捍卫我们在现有的法律之上建立的教会和国家，我知道英格兰教会的原则是支持君主制，因此我将永远支持和保卫它。”

兴高采烈、趾高气扬的保王分子毫不怀疑詹姆斯将会信守这个神圣的诺言：保护英格兰国教和遵守现有的法律。现在追述往事，的确让人觉得奇怪，詹姆斯在他刚即位的时候，曾被广泛地誉为“一个信守承诺的人”。

这位新国王的第一步是召集议会。在议会下院投票给予他一笔其兄长也曾经享有的终生收入以前，即使有法国国王提供的补助金，詹姆斯也无法运行一个政府。而且，詹姆斯也不希望做路易十四的附庸，虽然他很愿意做他的朋友。如果詹姆斯能够和议会
46 保持良好的关系，他就能够在欧洲事务中采取一种独立的态度。毫无疑问这将会取悦于他的臣民。他相信他能够和一个由极端托利党人组成的下院保持良好关系。他认为托利党的原则会使他们在一切事情上都支持他，甚至他的天主教计划。他渴望议会取消《宣誓条例》和《人身保护法》(the Habeas Corpus)，以及其他那些将会妨碍他行动的法律。这样，他就可以在不违反法律的情况下执行他的计划，将陆军、海军、内阁、政府机构，以及国教内最好的职位都塞满和他信奉同一宗教的人，还有那些极端的国教徒。教会的布道坛将不会再用来反对“国王的宗教”。通过严厉的《克拉伦登法典》，清教主义将会被彻底清除。这样一来，英国的教会和

国家机构就可以和平地向罗马模式演化了。

这就是詹姆斯最初的计划。回归罗马的计划可以在半推半就的国教的默许,以及托利党议会的积极帮助下顺利执行。只是因为他们拒绝了他的要求,才迫使他采取了另一种计划:违反法律;攻击国教和那个将他扶上王位的政党;幻想与那些清教徒建立联盟,而这些人却憎恨他和他的宗教。

1685 年 5 月末詹姆斯的议会开幕了。因为在查理二世末期 47
市镇的法人团体都已经被重组,所以新的议会下院是斯图亚特王朝历届议会中保王分子最多的一届。爱德华·西摩爵士——托利党内独立派乡绅的象征和领袖,抱怨政府对选举横加干涉。下院里只有大概 40 名议员既不属于托利党也不是宫廷官员。国王向议会重申了他曾向枢密院做出过的承诺:保护法律;捍卫和支持英格兰国教会。这时他还丝毫没有提到取消《宣誓条例》和《人身保护法》,但他以不容置辩的口吻要求给予他以前议会曾给予他哥哥的那笔终生享用的财政收入。如果任何议员试图在财政上对他进行定量限制——“不时地供给我一下”,“我将明确告诉他,这是一个对待我的非常不合适的办法”。他坚决要求被给予终生享有的收入。

这个由极端派托利党人组成的下院,被詹姆斯支持国教的诺言所迷惑,直截了当地就掉进了他的圈套,投票给予他终生的关税收入。这使得在接下来决定性的三年里,当詹姆斯与议会发生争
执时,可以在没有议会的情况下统治下去。事实上,正是他在经济 48
上的自主引诱他走上了独裁的道路,并导致了他在政治上的毁灭。“光荣革命”后,下院这种错误的慷慨再也没有出现过。1685 年

后，没有任何一个国王或女王可以享有一大笔终生的财政收入，因此，自 1688 年后没有哪一年不召开议会。

在这一阶段，在詹姆斯和下院就《宣誓条例》和宗教这两个注定要分裂他们的问题发生争执之前，西部叛乱使局势发生了重大变化。蒙莫斯公爵是一个愚蠢、英俊、品德败坏的年轻人，沙夫茨伯里领导的辉格党在当权时曾力图将他立为王位继承人，其依据是一个编造的故事，说查理二世曾和蒙莫斯的母亲合法结婚。查理二世虽然喜欢这个无赖儿子胜过了他的其他的私生子，却不记得曾有过这样一个婚礼，并且声称他宁愿看着蒙莫斯死去也不愿看着他登上王位。如果蒙莫斯真的被他的同党弄成了国王，他的统治也会想詹姆斯二世的统治一样多灾多难和短暂，而且，这场灾难很可能会对英国的宪政自由造成致命伤害。

49 在他的辉格党支持者倒台后，蒙莫斯退隐到了荷兰。荷兰执政官奥伦治的威廉，建议他离开荷兰到多瑙河去帮助神圣罗马帝国皇帝抵抗土耳其人，不再插手英格兰的事务。两个人的野心正好相互冲突。蒙莫斯对王位的要求妨碍了威廉的妻子玛丽——詹姆斯的大女儿合法的王位继承权。因此，荷兰那些拥护共和主义、反对威廉的人站在了蒙莫斯一边，帮助他争夺王位。阿姆斯特丹的地方长官，故意无视和违反威廉的命令，允许蒙莫斯的雇佣军包租了一条船，装满了军火。1685 年 6 月蒙莫斯在一小伙人的陪同下在英格兰西南部一个叫莱姆・里杰斯的地方登陆，当地的清教徒农民和纺织工对他们的“蒙莫斯王”有着一种浪漫而又致命的热情，就像以后岁月里苏格兰高地部落的人们对“可爱的查理王子”

(Bonnie Prince Charlie)的那种感情。*

辉格党的贵族和乡绅在乡间别墅里不敢露面，但是在萨默塞特和德文郡，特别是在陶顿的纺织工业区，大约有 6000 人蜂拥在了蒙莫斯的旗帜下。这次事件被看作是英格兰的最后一次“农民起义”，虽然它的动因不是社会的而是宗教的。清教徒在《克拉伦登法典》下受到的迫害是叛乱的主要原因。虽然叛乱者支持的是 50
以前辉格党提出的王位继承人，但这次叛乱的精神与其说是辉格党的，倒不如说是老圆颅党热情最后的回光返照。叛乱者的处境极端艰难，既没有出色的领导者，也没有严格的纪律，而这两者则是当年克伦威尔铁甲军的令人敬畏之处。叛乱的目标不仅是要推翻天主教国王，而且也要推翻英国国教。叛乱没有丝毫成功的希望。蒙莫斯勇敢的追随者们是一群乌合之众，几乎无人指挥，也没有正规的武装。他们不像 1745 年的苏格兰高地人那样，从小接受的教育和训练就是成为一名战士。他们许多人没有武器，只是拿着一根绑着镰刀的杆子，就这样走向了他们的宿命。

所有的军事力量都站在了法律和秩序一边。甚至那两个发生反叛的郡里的民兵也站在了国王一边，此外还有更加强大的正规军。在 1688 年联合起来反对詹姆斯的那些党派和人士在 1685 年联合起来反对蒙莫斯。奥伦治的威廉借给了他的岳父三个由他付军饷的苏格兰军团。伦敦和议会两院、大学、市镇法人团体、农村的乡绅、治安法官，和整个国家的舆论都支持国王和法律。托利党

* “可爱的查理王子”是詹姆斯二世的孙子，曾在苏格兰高地部落的支持下，要求英国王位。——译者

人很活跃，辉格党人则沉默无声。甚至战场上的一次胜利也没有
51 为蒙莫斯赢得国内任何重要的力量。如果他离开了西南部地区，他会发现整个国家都反对他。在塞吉木尔大沼泽黄昏的战场上，这些毫无取胜希望的农民和纺织工被彻底击败了，他们具有浪漫色彩的英勇和他们遭受的残酷屠杀，都不能使后代人无视他们这次叛乱的彻底错误和愚蠢。

蒙莫斯在伦敦的塔山被处决，可谓罪有应得。他的追随者，有数百人或者在战役结束后即被当场处决，或者在后来的“血腥审判”中被处死，大约800人被卖到巴巴多斯做奴隶。将这些战犯赐给那些宫廷宠臣，然后再卖到海外做奴隶的做法遭到许多托利党乡绅的非议。宫廷里从事的非法贸易早就使他们十分厌恶。公众舆论对处决的人数和杰弗里法官审判中的做法极为震惊。在西南部的乡村和市镇里，挂着那些可怜的年轻人尸体的绞刑架令人极为恐惧和厌恶。人们尤其对伊丽莎白·岗特的火刑和爱丽丝·莱尔的斩首极为反对，这两个女人都有着高尚的品格，她们之所以获罪只不过是她们为逃亡者提供了庇护；人们普遍认为这种行为只是出于女人特有的怜悯之心，在那个世纪以及以后的年代，没有其
52 他任何一个英国政府会为此而判处一个女人死刑。托利党和国教内许多有良知的人都厌恶血腥审判。巴斯和威尔斯的主教科恩，是一位圣徒一样的人，他的教区虽然曾被那些清教徒叛乱者野蛮地蹂躏，但他仍然努力挽救了许多人免于死刑。当主持血腥审判的杰弗里，随后为了博取国王的恩宠背叛法律和国教时，他受到了许多托利党人加倍的憎恨。

蒙莫斯叛乱的同时，阿尔盖伯爵也在苏格兰试图发动起义，但

成功的希望更加渺茫。他的被俘和处决使詹姆斯在北方消除了一个最可怕的敌人，因为阿尔盖既是苏格兰低地的长老会派领袖，也是高地那边伟大的坎贝尔家族的首领。

到 1685 年秋天，詹姆斯已经将大不列颠的所有权力都集中到了自己的手里。他所有的敌人不是已经死掉就是已经匍匐在了他的脚下。但是，正是因为蒙莫斯和阿尔盖的叛乱事实上增加了他的力量，才诱使他走向了毁灭。除了西部的一些狂热分子，叛乱没有得到任何支持。叛乱被如此轻而易举地粉碎，使詹姆斯错误地高估了国民对他的忠诚度，这种忠诚他认为是绝对的，但其实只是暂时的。最重要的是，这次叛乱使他可以维持一支大约 30 000 人 53
的常备军，他幻想着利用这支军队执行他那疯狂的计划。事实上，他已经开始着手执行了。但是就在这些事情刺激着他挑战他的臣民的信念时，蒙莫斯的消失也为一个反对他的最终联盟的形成扫清了道路。从此以后，奥伦治的威廉作为一个捍卫英国国教和自由的可能人选，对詹姆斯的威胁性远远大于蒙莫斯。他的品格和智慧，他在荷兰的陆军和海军力量，他在欧洲的联盟，他妻子和他自己对王位的合法继承权，都是蒙莫斯不能相比的。而且，他们（威廉和玛丽）与托利党和辉格党都保持着友好的关系。

1685 年 11 月是詹姆斯召开的唯一一届国会的第二个、也是最后一个会期。在威斯敏斯特没有哪届会期比这一届更具有决定意义了。蒙莫斯叛乱使托利党人在这个夏天对詹姆斯的热情更加高涨，但是在秋天关于血腥审判的种种邪恶而又恐怖的传言，使许多托利党人感到了严重的不安。欧洲的新教徒已经陷入绝境。10 月，路易十四取消了《南特敕令》，对他的法国臣民发动了一场旨在

54 根除新教主义的、残酷的战争，许多新教徒逃亡英格兰，每个逃亡者都有一个关于所发生暴行的令人发指的故事。同样在这个月，在议会开会前，国王近臣中天主教徒势力的增长引起了人们的惊恐。在 10 月，“机会主义者”哈利法克斯因为坚持《宣誓条例》的原则而被解除了官职，甚至一些善于曲意逢迎的高教会派朝臣，如罗切斯特勋爵、吉尔福德、克拉伦登也都被罢职丢官。他们曾占据的宫廷中最核心的位置，被桑德兰勋爵和杰弗里取代，后者为了胜过那些更加谨慎的竞争者而不惜为国王做任何事。桑德兰这时候尚未背叛国教，但是他已经和耶稣会神父彼得，以及一些极端派的天主教徒策划反对新教徒的阴谋了，他们将教皇要求天主教徒保持克制和温和的建议视为愚蠢。同时因镇压蒙莫斯叛乱而征召的那支强大的军队依然存在，国王坦率地承认他要将这支军队永久地保持下去。最糟糕的是，军队里的许多军官是天主教徒，而这是违反法律的。是不是在英格兰也要发生像法国那样对新教徒的迫害呢？

在那个时代，几乎所有的英国人都害怕常备军，即使是由新教
55 徒指挥的；保王党人的后代的恐惧尤甚，他们的庄园曾被新模范军摧毁，在克伦威尔统治时期，他们的土地被没收，政治上遭受迫害。一支常备军曾经代表日内瓦摧毁了英国国教，四十年后，另一支常备军很可能为罗马做同样的事情。托利党一个最基本的信条就是：常备军是英国宪政制度的威胁，这个岛国可以由一个强大的海军和由各郡乡绅富豪指挥的民兵来保卫。

这支镇压了蒙莫斯叛乱的军队，即使不考虑政治方面的影响，其平时对平民百姓的所作所为也已经招致了各方的厌恶。这些可

怜的、穿着红色外套的士兵没有军营，就驻扎在平民家中；由于他们不属于军事法庭的管辖，他们的军纪不可避免地变得非常松懈。议员们跑到威斯敏斯特，抱怨“士兵们的压迫，军队的自由驻扎，士兵们的抢劫和其他一些重罪”。

由于所有这些原因，当 1685 年 11 月詹姆斯要求再拨一笔巨
款来维持这支军队的时候，下院拒绝再次走进圈套里。下院要求
国王解散这支军队，而提高民兵的效率。但是詹姆斯声称民兵虽 56
然忠诚，但在最近的叛乱中已经证明毫无用处，蒙莫斯是被正规军
打败的。他告诉议会：“只有一支拿薪水的、经过良好训练的部队，
才可以保卫我们免受来自国内外的威胁。”詹姆斯所言不谬。面对
着欧洲大陆的新型军队，英格兰需要一支自己的常备军。法国或
者荷兰的常备军可以踏平这些从田间和工场里出来的、未加训练
的民兵部队。而且，民兵也不能被派往海外。在下一个君主统治
时期，不仅是威廉，而且他的辉格党大臣们也都支持建立常备军，
反对民兵制。因为到这时，“光荣革命”已使英国敢于保持一支常
备军了，原因在于这支军队必须依赖议会的拨款，不能被国王用来
建立独裁统治。

但是在 1685 年的冬天，詹姆斯为了他不可告人的目的要求下
院给他足够的金钱来维持一支常备军，如果他能达到目的，他就将
成为议会的主人。很自然地，下院拒绝了他，而且进一步提出，既 57
然叛乱已经平息，国王就应该将那些非法任命的天主教徒军官解
除职务，詹姆斯同样愤怒地拒绝了。《宣誓条例》问题和常备军问
题是联系在一起的，虽然这是保王分子最多的一届议会，但在这双
重问题上，托利党的大多数人不情愿地、以最谦恭的语言拒绝服从

国王。

议会中那些宫廷官员的数量不足以胜过托利党人。事实上，甚至他们中的许多人也投票反对国王，因而被解除了职务。如果詹姆斯想取消《宣誓条例》，他就必须解散这届议会，并再次改造那些选区。

托利党议会拒绝取消《宣誓条例》的行动是接下来导向革命的一系列事件的真正起点。这些议员为什么会做出这个生死攸关的决定，其动机必须要弄清楚。这个决定现在时常会引起争论，《宣誓条例》对天主教徒的限制是在1829年被取消的，并未引起什么有害的后果，因此一些人认为议会在1685年拒绝撤销它的决定是错误的。但是现在的形势与当时是完全不同的。《宣誓条例》被撤销是在汉诺威王朝时期，这时的国王是新教徒，而且其权力受到议
58 会的限制，这时撤销《宣誓条例》只是表示人与人之间的平等，天主教徒可以根据他们的能力和人数被接纳进政府的行政机构内工作，并无其他的意图。但是在1685年，国王是一个狂热、鲁莽的天主教徒，根据当时宪政的惯例，对于国王手中的人事任命权，议会没有任何办法进行控制，他可以任命内阁、枢密院、陆军、海军、民政机构官员，从财政大臣到最低微的海关职员，还有法官和主教。到1685年冬天，议会有充分的理由怀疑，詹姆斯正试图将天主教徒安插到各个握有权力的部门，从而实现英格兰的天主教化。对在政府和民事机构工作的所有人来说，如果想博得国王的欢心，就要改信天主教，这对新教徒来说就是背叛。这就是詹姆斯在1686—1688年采取的策略，虽然这时《宣誓条例》并未被撤销，他的做法仍然是违法的。如果议会同意他任命天主教徒任职，他的

行动是不是就会温和一些呢？这种想法是很荒唐的。托利党议员在1685年拒绝取消《宣誓条例》，与1829年议会取消《宣誓条例》时所处的环境完全不同，但两件事议会做的都是正确的。

如果詹姆斯仅仅只是为天主教徒寻求宗教上的宽容，他本来 59
是可以做到的。事实上，那些惩罚天主教徒举行宗教仪式，将天主教神父监禁或判处死刑的、令人厌恶的刑事法律条款，在实际生活中经常被暂停使用，在查理二世统治的最后几年已经变得无效了。没有人期望詹姆斯会重新对他自己信奉的那个宗教进行迫害。罗马天主教事实上已经享有了宗教自由，虽然法律并未如此规定。如果在1685年詹姆斯只是要求议会取消或者修改那些宗教迫害的法律，将天主教的地位正常化，他是可以达到这个目的的。罗彻斯特、哈利法克斯所代表的下院议员，已经在向这个方向上伸出了试探的触角。这也是英明的教皇英诺森十一世的建议，英格兰的那些天主教世家大族，是斯图亚特王朝最忠诚、也是遭受迫害最久的支持者，他们也持有和教皇相同的看法，因为长期的痛苦经历使他们明白，在他们的同胞中，清教徒的偏见力量有多么大。他们谨慎地要求宗教上的容忍，而非使天主教在这个国家占据支配地位，他们在宫廷里的领袖波伊斯勋爵、贝拉西斯勋爵对他们的呼声表示附和。

到1685年11月，当詹姆斯要求议会取消《宣誓条例》而不是取消那些迫害性的刑事法条款时，国内外温和的天主教徒都对国
王轻率的政策可能导致的严重后果十分忧虑。詹姆斯听取的是耶 60
稣会士和法国大使巴瑞龙的意见，而非教皇和那些天主教世家大族的意见。詹姆斯要求议会的不是对天主教徒宗教上的宽容，而

是他们在政治上的平等，他的目的就是要借此使天主教徒在政治上占据优势。

当詹姆斯发现下院既不同意拨款给他以维持一支常备军，也不同意取消《宣誓条例》时，他恼怒地命令这一届对斯图亚特王朝最忠诚的议会休会。这届议会再也没有召开过。其中令人难忘的会期从 11 月 9 日持续到 11 月 20 日。这 11 天已经充分证明，国王的天主教化政策将会遭到议会、托利党人、国教会的坚决反对。国王试图通过法律实现自己目的的第一个计划已经证明是不可能的了。下一步他会怎么办？他会妥协吗？将继承他王位的女儿、教皇、西班牙国王、神圣罗马帝国皇帝、那些老的英格兰天主教家族，更不要说整个盎格鲁国教会，都这样恳求他。或者，他会在耶稣会士和法国大使的催促下，在一小部分趋炎附势的英格兰人——如杰弗里和桑德兰——的支持下，径直践踏所有的法律，无

61 视所有的舆论。在这一危急关头，他性格上那种致命的固执决定了英国和欧洲的命运。他提醒自己，他的父亲查理一世就是因为做出让步才导致了后来的失败，他声称他永远不会再重犯这样的错误。他的性格使他不能接受任何逆耳忠言，即使是来自于他最好的朋友。罗杰·诺斯，他最忠诚的支持者之一，这样中肯地评价他：

“他的成见是如此顽固，他的天赋又是如此一般，以至于所有的人对他的企图都一清二楚，那些给他提出的建议也都是为了党派的利益，而不是出于对他的友谊。”

这一性格自然就使他成为了那些溜须拍马者的猎物。狡猾而又毫无原则的桑德兰，在教皇阴谋期间，将自己打扮成一个狂暴的

辉格党人，而这时他看到只要自己顺从詹姆斯的爱好和旨意，在权力和财富的竞争中，他就可以战胜所有的对手。至于这样做的最终结果会是什么，这个聪明但又短视的赌徒似乎从来没有考虑过，直到后来已经为时过晚。桑德兰的同党是一位野心勃勃的宗教狂热者——神父彼得，他们对詹姆斯所有危险的计划都给予鼓励，想
借此清除掉所有温和、谨慎的竞争者。桑德兰很快就被别人称为 62
“第一大臣（首相）”。大法官杰弗里虽然有时候也会对国王危险、非法的措施感到担忧，但为了保住他的官位，也甘愿做他们的工具。但是海德家族的兄弟俩——罗彻斯特和克拉伦登，作为高教会派和极端托利党人的代表，虽然为了保住官职做出了许多不光彩的让步，仍然在1686—1687年的新年之际被赶出了政府，因为他们不像“自由思想家”桑德兰勋爵，愿意假装接受罗马天主教。随着他们的倒台，英国国教失去了在宫廷里的最后代表。但是早在海德兄弟离职之前，对国教的进攻就已经一步步展开了。

既然议会不愿意改变法律，詹姆斯想达到自己的目的，就要认定法律不能限制国王的意志。英格兰国王的特权历史悠久又难以确定，在历史上它有时候扩张得非常强大，有时候又萎缩得很小，但是它一直都存在。现在这种特权又被想到了，并被塑造成了一种新的英国宪法里的重要内容。这种关于王权的至关重要的变化
必须通过法官的声明才能生效。詹姆斯已经让杰弗里做了大法 63
官，如果法官拒绝根据他的旨意来解释国王的特权，他可以开除任何法官。他任命的法官，不是作为国王和他的臣民之间的仲裁者，而是如培根所说的，是“王座下的狮子”。在他们的帮助下，他立即

就能够操纵法人团体、地方治安法官和议会选区，他可以自由地任命一个下院，就像他现在任命法官一样。一旦组成了这样的下院，他就可以创造出任何数量的贵族。到那时这样组成的一个议会就能够更改法律。当法律和议会都仅仅变成了国王的一个工具的时候，他就可以重新进入合法的轨道了。

简言之，由于急于在英格兰恢复天主教，詹姆斯发现他必须像欧洲其他国家的君主那样，成为一个拥有绝对权力的国王。这个落后的岛国所特有的、套在王权上的中世纪的桎梏，现在必须被去除。在那些强烈反对天主教和专制主义的人看来，詹姆斯的政策就是将两者合二为一。事实证明，这两者的结合对于英格兰的天主教和王权来说都是毁灭性的。

詹姆斯做出这样的尝试虽然是极端鲁莽的，但对他而言，还是
64 觉得是有成功的希望的。他已经完全控制了行政权，他可以开除和任命任何政府职员，教会的圣职授予权也在他的手中。最重要的，他拥有一支庞大的军队，不管是都铎王朝的君主还是他的父兄，在和平时期都不曾拥有过，而且他还可以从他在爱尔兰的根据地挑选天主教徒及时补充兵员。事实上，他已经取得了很大的成功，他的臣民想战胜他的唯一办法就是求助于外国军队。甚至，托利党和国教如果仍然像詹姆斯满怀信心期望的那样，坚持他们奇特的信条：任何人都不可以主动反抗国王，即使他违反了所有的法律以及像尼禄那样迫害教会，他也不会失败。詹姆斯的一个错误估计就是他相信，如果他能够帮他们免除那些迫害他们的法律，他能够从清教徒那里得到积极的帮助。

詹姆斯的另外一个失误，就是将英格兰的情况和当时的欧洲

大陆做了错误的类比。他认为当时欧洲大陆的大势所趋就是反对
新教和大众自由。《南特敕令》的取消者是一位显赫的帝王，被他
的邻国所畏惧和敬仰。法国的新教已经是垂死挣扎了，它的邻国
荷兰、莱茵地区、瑞士的新教徒，正颤抖着等待他们厄运的到来。65
宪政自由的状况更加糟糕。法国和西班牙那些中世纪的古老等级现在在哪里呢？在意大利和德意志还有什么力量可以反对君主们的意志呢？即使是在不好对付的荷兰，执政官的权力也在增加。波兰，的确有一个自由的宪政，但是它那众所周知的混乱早就成为了欧洲的笑柄。詹姆斯肯定认为，这个潮流是如此宏大，趁势而行必然能够使他超越英格兰中世纪遗留下来的宪政体制。即使是这些岛国居民也必须对一个现代国家的必然需要——集中权力做出让步。

从某种意义上来说詹姆斯是正确的：国王与议会之间权力的平衡不断地使政府职能陷于瘫痪状态，比如说在常备军的问题上。必须一劳永逸地对哪一方拥有最高权力做出决断。詹姆斯现在面临的形势即是如此。

当然，在国王赢得这场艰苦的斗争之前，会有一段艰难的时
光，经济上会比较紧张，需要厉行节约。只要英国的国内矛盾持续
下去，它就不可能有精力在欧洲大陆上反对路易十四。早在 1685
年 10 月，他还没有与议会发生争吵之前，詹姆斯就曾邀请法国大
使一起庆祝他们共同的敌人——哈利法克斯的被解职。他告诉大 66
使：“我认为哈利法克斯勋爵从我的顾问中被除名不会使你的国王感到不愉快。但是，我知道同盟国的大臣们则会对此感到沮丧。”詹姆斯现在采取的国内政策意味着他将依靠法国，而同他的女婿

威廉决裂。詹姆斯并未同法国签订同盟条约，就像路易十四在1688年宣称的那样，没有这个必要。詹姆斯不可能反对路易十四，因为他在欧洲没有其他的朋友，英格兰十分之九的臣民也反对他的意志。

詹姆斯由于复活和加强了查理二世时期的盎格鲁－法兰西轴心同盟，从而将欧洲的其他力量，不管是新教徒还是天主教徒，都推向了反对他的英国人的一方。“没有哪位君主，”德国历史学家兰克写道，“对欧洲的力量平衡比詹姆斯二世更缺乏关注。”另一位历史学家费尔斯评论道：“（詹姆斯这样做的）后果就是，就像詹姆斯对欧洲的命运毫不关心一样，欧洲对詹姆斯的命运也变得毫不关心。”在最后爆发的危机中，站在威廉一方的不仅有德意志的新教诸侯，还有奥地利、西班牙和教皇本人。

在围绕国王特权进行的第一个回合的斗争中，形势对国王是
67 很有利的。爱德华·黑尔斯爵士因为同谋罪被起诉，他是一个天主教徒军官，由于得到了国王颁发的特许状，从而免除了《宣誓条例》要求的进行宗教宣誓以证明自己是新教徒的要求。1686年6月一个由12名法官组成的法庭几乎一致同意黑尔斯可以继续任职而不受处罚，因为赦免权是国王特权的一部分，在特殊的情况下、因为特别的原因，可以使用这种权力。无法谴责这种判决是不合法的，虽然这为詹姆斯更大规模的违法行为敞开了大门。英格兰国王一直都拥有这种在特殊情况下、因为紧急和特殊的原因暂停法律执行的权力，在“光荣革命”以后也依然拥有。为了公共利益，给予国王在执法中一定的自由裁量权是方便的，有时也是必要

的，特别是在一些商业事务中，或者当议会处于休会状态。对于这种在黑尔斯案件中已经被法官们肯定了的赦免权，詹姆斯如果仅仅只是用它来保留一些天主教徒的职务，没有什么人会对此提出异议。但是他继续将大批天主教徒塞进政府的各个部门，民事的和军队的，直到最后所有担任公职的新教徒都失去了安全感，除非他准备皈依天主教。当他通过发布《容忍宣言》，暂停了整个《克拉 68
伦登法典》的执行时，他已经将这种有着严格限制的赦免权变成了一种完全非法的搁置权，它使所有的法律都仅仅屈从于国王的意志。

那些比较有良知的法官很快就开始大声疾呼，要求停止国王特权近期的这种扩张。但是一旦有谁发出抱怨，他们就会马上被解职，然后被那种有奶便是娘的投机者所取代。将法官换成自己的人对于詹姆斯的政策能否成功起着至关重要的作用。法官的独立地位也是在光荣革命中取得的最伟大的功绩之一。

对法官进行更换后，詹姆斯的下一个目标就是在军队方面得到有利的司法判决。他依靠军队的支持，逐渐将军队的指挥权交到了天主教徒军官手中，同时他还将从爱尔兰招募的大量天主教徒新兵充实到军队中。一半的部队驻扎在布莱克黑斯，以此来震慑首都里的新教暴民。维持士兵的纪律是一个困难。如果一个士兵打了他的长官，他只能以伤害罪被民事法庭审判；如果他开小差，他所受到的处罚不能超过一个逃跑的雇工所应受的处罚。詹姆斯在将那些不肯驯服的法官如霍尔特解职了以后，法官们做出了一项判决，即：开小差是重罪。随即几名开小差的士兵在他们的

69 团队面前被处以绞刑。[①] 国王因此就可以维持住军队，而不必召集议会。“光荣革命”后，如果没有议会的同意，在和平时期召集和维持一支常备军就是一种违法行为。从 1689 年开始，每年通过的、有效期只有一年的《兵变法》使开小差和兵变这些行为得到了应有的惩处，军事法庭的存在使军队的纪律得到了合法的维护，所有这些的前提就是议会要每年召开，议会同意每年重新通过《兵变法》和维持国王的军队。

詹姆斯继续不断地破坏法律。现有的法令如果不合国王的胃口就等于零，国王的特权现在就是一切。1686 年，为了准备对国教的直接进攻，詹姆斯重新设立了特别委员会法庭，在国王的指挥下对教会进行管理，它有权暂停和剥夺那些不听话的神职人员的职务。这个法庭的设立是不合法的，在 1641 年“长期议会”的第一个会期就已经通过法令撤销了，后来的骑士党人和圆颅党人对此
70 都表示一致同意。复辟后的议会也小心地拒绝将重设这种法庭的权力交还给国王，因为不管是托利党还是辉格党都希望国教能不依赖于国王的意志，独立地保有它的财产和自由。1641 年和 1661 年的法令明确禁止国王设立具有类似权限的法庭[②]，但是詹姆斯却无视这些法令，重设了特别委员会法庭，任命杰弗里为首席委员，以此来威胁和欺压那些主教、教士和大学教师。

这个法庭设立伊始就下令暂停了伦敦主教康普顿的工作，罪

① 这起案件并不像麦考莱认为得那样清晰，不过霍尔兹沃思（Holdsworth）给出了充分的理由，认为霍尔特（Holt）是正确的，而那些宣布开小差是重罪的法官是错误的（霍尔兹沃思：《英国法律史》，第 6 卷，第 228—229 页）。

② 霍尔兹沃思：《英国法律史》，第 6 卷，第 112—118 页。

名就是他不肯非法暂停他手下一名牧师的工作，这名牧师捍卫国教的信条和宗教仪式，反对罗马天主教。

接下来这个特别委员会被用来对大学发动攻击，从而导致了国王与老保王党之间的最终分裂。牛津和剑桥是国教神职人员的训练场。国王认为如果这两所大学被天主教化，接下来整个国教的天主教化就会容易得多。但他忘记了，这两所大学，特别是牛津大学，是那些保王党人和极端托利党人的思想和精神源泉，正是他们的这些信仰才使得他能够无条件地登上了王位。如果他疏远了 71
牛津大学以及国内所有仰望和热爱牛津的人，他就砍断了他最主要的权力支柱。

通过一系列武断的法令，必要的时候再加上这个非法的委员会法庭发布的声明，詹姆斯将三个伟大的牛津学院：基督堂学院、大学学院、莫德林学院，置于了天主教徒的控制之下。莫德林学院变成了一个纯粹的天主教徒的学院，他们的 25 名成员因为拒绝在选举院长时违背法律，而被从终生保有的职位上赶了出去。

没有什么行动，甚至包括对七主教的审判，比这些行动更严重地疏远了詹姆斯和国教的关系。牛津大学是托利主义和圣公会信仰的心脏，也是迄今为止保王主义的心脏。牛津大学和国教会不顾三届排斥主义者的议会，将詹姆斯扶上了王位，现在这就是他们对斯图亚特王朝和詹姆斯本人忠心的回报！剑桥大学，詹姆斯和他的家族对之欠的情更少，因此也更容易处理，它的副校长因为拒绝给一名本笃派修道士非法授予学位，被杰弗里训斥一顿后免了职。既然基督堂学院和莫德林学院已经陷落，圣三一学院和国王学院遭受同样的命运就只是一个时间问题了。

72 莫德林学院的成员被开除这件事不仅仅是对大学的一个攻击,它还意味着对整个教会人员职位终生保有权的一种攻击。如果像莫德林学院这样著名的、受到热爱的、享有特权的神职人员法人团体,在面对专制权力时都无法保住自己的职位权利,就更不用说那些低微的教区牧师面对特别委员会的胁迫时会怎样了。如果允许这种王权凌驾于法律的情况持续下去,早晚有一天所有享有圣俸的国教牧师都会面临着这样的选择:叛教或者被开除。这就是为什么当威廉登陆时,即使是高教会的主教们也抛开了不抵抗王权的理论,拒绝发表声明反对叛乱;这也是为什么许多坚定的国教非神职信徒实际上成为了叛乱者。国王的目标与法律和教会的目标已经彻底背道而驰。

早在 1687 年詹姆斯就已经清楚地意识到,他不可能通过国教教士的帮助达到自己的目标了。他必须寻找其他的同盟者,那少数半心半意的天主教徒,虽然被詹姆斯塞进了最高权力机构里,但
73 是只靠他们这些人是不能够统治英格兰的。在那些追求私利的贵族、律师、官吏中,皈依天主教的人虽然也有,但速度太慢了,如果等到天主教徒多到有足够的数量来单独统治这个岛国,可能需要许多年。这期间,他将不得不依靠他的家族和他本人最老、也是仇恨最深的敌人——非国教徒中的清教徒的帮助。他们和天主教徒应该一起得到相同的帮助,撤销那些迫害他们的教派信仰和将他们排斥出公职之外的法律。反过来,他们应该组成一个党派,帮助国王克服国教会的抵抗。天主教徒和圆颅党人应该联合起来镇压骑士党人。

根据这种新政策，詹姆斯在1687年4月发布了著名的《容忍宣言》，在序言里他阐明了宗教宽容的福祉，接下来他根据自己的国王特权，中止了《克拉伦登法典》、1673年的《宣誓条例》以及所有迫害包括天主教徒和新教徒在内的非国教徒的法律。查理二世在通过《宣誓条例》以前，也发布过一个与此类似但不及此范围广泛的《容忍宣言》，但是在议会的压力下后来不得不以非法而取消。

詹姆斯在宣言里所依据的成批“搁置”法令的权力，与那种在特殊情况下如黑尔斯案件中，中止某一项法令的执行的权力是不
同的。“赦免权”在某些情况下是合法的。但是，就像一位议员所 74
说的，这样大规模地要求“中止成堆的法律的执行”，或者说这么大的“搁置权”，会彻底摧毁对国王的所有宪法约束。查理二世和他的议会都曾发表声明这样做是不合法的。否则除了国王的旨意就没有任何法律了。

那些非国教徒里的新教徒会欢迎詹姆斯的提议，并成为国王的盟友吗？他们每天都受到残酷的迫害，而国王马上就可以帮助他们摆脱这种迫害，但这种救助是非法的。在《容忍宣言》的保护下，他们重新开始公开举行他们的宗教仪式，一些最早的非国教徒的教堂就是在1687年建立的。但是他们会出于对国王的感激，和耶稣会士一起建立国王的专制统治吗？这样做他们可以品尝到向迫害他们的国教徒复仇的快乐，但是这样的快乐能持续多久呢？或许随着时间的流逝，国王和他的宗教会变得很强大，直到有一天那些耶稣会士觉得自己已经强大到可以像法国的路易十四对待新教徒那样对待英国的清教徒；或许国王失败了，或者可能死了，然后在他的继承者、新教徒国王威廉和玛丽的统治下，一个国教徒组

成的议会将会对那些当初曾攻击过国教和英国宪政的人进行疯狂
75 的报复。除了所有这些谨慎和利己主义的考虑之外，那些圆颅党人的后代会卑鄙到背叛新教事业和出卖议会自由吗？

少数非国教徒领袖同意成为国王的盟友，这其中包括一个非常优秀的人物：贵格教徒威廉·宾。但是绝大多数清教徒，包括那些有着很高道德威望的领袖如理查德·巴克斯特和约翰·班扬，联合在了民族事业的旗帜下。在1687年和1688年，随着时间的流逝，这种联合变得越来越广泛和活跃，而国王试图建立天主教和专制统治的目标也变得越来越清晰了。

利益相关党派发表的重要声明有助于清教徒的各派别站到国教和民族一边。首先，国教的主教们和托利党的政治领袖们明确承诺，只要一个自由选举的议会能够召集起来，他们就支持通过一项针对清教徒的《宽容法案》——这个承诺在1689年兑现了。在这场“奇怪的拍卖会”上，国教会和国王在相互斗争中竞相争取他们以前的敌人的支持，到1688年夏天，国教在竞争中明显地击败了国王。

其次，奥伦治的威廉以他的名义和他的妻子——王位假定继
76 承人的名义，从海牙发表声明反对他的岳父的政策，他支持对新教和天主教非国教徒的宗教信仰自由，但他反对取消《宣誓条例》和允许天主教徒担任公职。这是奥伦治家族在荷兰的传统政策——天主教徒可以有宗教自由但没有政治上的平等。威廉这剂医治英格兰问题的万能药在1687年取悦了国教徒和清教徒，欧洲大陆上反对法国的各派力量也认为这个办法是合理的，这其中包括教皇、西班牙、奥地利，甚至英格兰那些温和的或者老的天主教党派，他

们希望如果詹姆斯死了，威廉可以保护他们免遭最严重的报复。

这些清教非国教徒因此从托利党和假定的王位继承人那里获得了一个《宽容法案》的承诺。如果他们耐心等待，而不是急于背叛新教徒的利益去获得詹姆斯那并不可靠的恩惠，他们就能够有一个安全的未来。他们面前的选择在哈利法克斯那封著名的"致一名非国教徒的信"中清楚地展示出来了。在信中，这位机会主义者对局势进行了冷静又不失机智幽默的分析，他向清教徒指出了与耶稣会士结盟的危险，以及全民族团结起来反对詹姆斯的必要。 77
这封"信"是匿名的，1687 年 8 月由一家秘密的印刷厂首次发行，它是当时最著名的反政府的印刷品。[①] 出版审查机构能够阻止公开出版发行，但它的网络难以阻挡从荷兰和伦敦的秘密印刷厂涌进来的如潮水般的小册子。在这个节骨眼上，"致一名非国教徒的信"有着巨大的流通量和影响力。

"考虑一下，"哈利法克斯对非国教徒写道，"这些朋友给你们的不是选择的权利而是他们的庇护……当罗马教会挂出海报〔做广告，就像一个冒牌医生那样〕，要为柔弱的良心提供医治的膏药，这其中一定会有一些不同寻常的东西。迄今为止她在手术中所展示的所有技巧就是简单地切除肢体……想一想吧，以自相矛盾的东西做基础是件多么危险的事情。教皇制度现在成了自由的唯一朋友和宗教迫害的敌人……如果你们能够顺其自然，不做那些不合适的举动使你们失去将带给你们许多益处的好运气，你们就会

① "有一本名叫'致一名非国教徒的信'的小册子正暗地里流传，卖得还挺贵，罗伯特爵士写了一本小册子回应它，两本册子都在印刷出版，公开售价 6 便士，罗伯特爵士的回答竟然如此值钱啊。"《布莱姆斯顿自传》(*Bramston Autobiography*)，第 300 页。

78 自然而然地得到你们应该得到的一切。英格兰国教会已经认识到了自己的错误，不应该那么严厉地对待你们。议会只要能召开，一定会友善地对待你们。你们都知道，这个国家的下一个继承人是在一个提倡宽容的国家里（荷兰）成长起来的。所有有理性的人都同意我们不应该再与海外的新教徒切断联系，而应该扩大这个基础，合力反对我们共同的敌人。因此，如果你们不会因为太着急而毁了你们的好运气的话，事实上，所有的事情都有助于给予你们安宁和幸福。”

1687年夏天，詹姆斯收到了国内许多非国教徒团体的感谢致辞，他们因为《容忍宣言》而免遭迫害，詹姆斯对此深受鼓舞，期待着建立一个非国教徒联盟。考虑到清教徒已经和他站在了一起，他接下来开始了重组各郡行政机构、市镇法人团体、议会选区选举人团体的工作，十几年前托利党人垄断了这些地方的权力，现在詹姆斯要把他们赶出去。取而代之的是出身天主教世家的乡绅，许
79 多人并不情愿，他们觉得詹姆斯的措施过于鲁莽。辉格党的贵族和乡绅不是没有收到就是拒绝了国王的恩典，但是一些已经解散了的辉格党的普通成员和一些来自中产阶级的非国教徒，接受了本来按照法律他们无权担任的公职，从而使自己成为了国王和《容忍宣言》的支持者。

在查理二世统治的最后几年里，通过一种可疑的审查程序，伦敦和许多其他市镇历史悠久的特许状或者被取消，或者在压力下被交了出去。国王颁发了新的特许状，托利党人垄断了新成立的法人团体。托利党人曾经对王权这种令人质疑的运用感到高兴，

因为它被用来帮助他们占据他们敌人的位置。但是当詹姆斯重复他哥哥的做法，为的却是将托利党人和国教徒从法人团体里整个地赶出去，以天主教徒和清教徒取而代之的时候，他们就不得不重新考虑王权与自治市镇的自由之间的关系问题了。

詹姆斯对市镇法人团体和地方法官队伍的清洗，给托利党的忠君之心造成了粉碎性的打击。艾斯伯里伯爵对此进行了清楚的
说明。他是一个极端托利党人，但最终变成了一名詹姆斯党人，出 80
于一种令人感动的对主人的个人忠诚情愿过着流亡生活，虽然他强烈反对主人的政策：

“除了这两步令人遗憾而又轻率的措施——夺取圣玛丽·莫德林学院和囚禁、审判主教们，还有一件对国王造成很不利影响的事情，那就是对大小法人团体的清洗，赶走了所有忠诚而善良的臣民。不管在他还是约克公爵那些最困难的时候，还是当他登上了王位，这些人都维护着他的利益……

“伦敦是最主要的牺牲品，你会发现那些无比优秀的治安法官都被赶走了……国教和君主制的两根支柱，约翰·摩尔爵士和威廉·普利查德爵士，是他们镇压了暴乱，迫使那位狂暴的伯爵(沙夫茨伯里)逃到了荷兰，并不久死在那里。还有七八个人被赶走，然后补充上同样数量的新人，这些人全都是些狂热的无名小辈……〔在国王访问这座城市的时候〕我在我的马车里提醒一位勋
爵，站在大街两旁陪同的大部分侍从有着怎样一张无耻的面孔。 81
‘你对这些感到惊奇吗?’这位勋爵说道，‘所有快乐、优雅的市民都被赶走了，代替他们的都是这些无耻的狂徒。’”

简言之，已经有足够的“狂徒”——托利党人如此称呼所有的清教徒——加入了国王的党派，鼓励他继续前进，这也激怒了大部分忠诚的托利党人，转而反对国王。但是这些见风使舵的政治家，虽然现在作为“国王的人”被安排进了市镇的法人团体，但在数量上和能力上仍然不够强大，没有多少真正的影响力。在那具有决定性的几个月里，全国各地的清教徒团体变得越来越反对国王。詹姆斯试图依靠清教徒，事实上他靠着的却是一根折断在他自己手中的拐杖。

詹姆斯在1687年和1688年的大部分时间里所做的努力就是重新组成一届新的下院，来支持他的政策和取消《宣誓条例》。重组法人团体部分地也是为了这个目标，重组各郡的地方行政机构也非常重要，但事实证明要困难得多。在市镇里，詹姆斯至少还可以从少数清教徒商人那里寻找到一些不那么可靠的支持。但在乡
82 村地区，除了天主教徒他几乎找不到什么乡绅愿意为他服务，许多人只是被迫出来任职，根本就不喜欢他的所作所为。在新教徒当中，托利党和辉格党乡绅同样都反对国王的政策。为了得到国王的恩惠，这些乡绅会被询问，如果他们当选为新一届议会的议员，他们是否会支持取消《宣誓条例》，或者是否他们会支持做了如此保证的候选人。国王的代理人在全国各地忙碌地游说着乡绅们，威胁和利诱并用，但几乎没有收到什么效果。[①] 国王的问卷调查收到的答案基本都差不多，这说明各地的托利党和辉格党乡绅一

① 参见乔治·达科特爵士的《刑法和宣誓条例报告（1882—1883年）》（*Penal Laws and Test Act returns*，1882—1883）；还可参见由哈罗公学校校长在1926年《剑桥历史学刊》上发表的约翰·纳奇布尔（John Knatchbull）爵士非常有意思的日记。

定进行过秘密协商。发动革命的联合党派正在成形，虽然目前只是为了进行消极抵抗。

詹姆斯发现他无法组成一个实现自己目的的议会，尽管他比以前的任何一位英格兰国王都付出了更大的努力。因此，在他解散了上一届托利党议会后，事实上他再也没有召集过另一届议会，虽然他从未完全放弃过这个想法。但是他将那些担任郡守、副郡 83
守和治安法官的托利党人解了职——各郡就是这些人统治着——取而代之的是天主教徒和清教徒，他们在地方上没有什么影响力，有些人内心里也反对他的政策。威廉登陆后，国王在各郡的统治很快一个接一个完全瓦解，原因就是国王手中没有一支有效的地方行政官员队伍。如果詹姆斯在各郡有一个他自己的领取薪水的官僚系统，就像法国国王在各省那样，他可能能够渡过危机。但是他依靠的是一支由独立的乡绅组成的、不领薪水的治安法官队伍。只有这个组成地方治安法官的阶级对国王的政策不完全厌恶的时候，这个工具才能够被国王利用。

治安法官职位的设立始于金雀花王朝，是王权与地主地方势力妥协的一个产物。都铎王朝和斯图亚特王朝的君主们在两百多年的时间里都一直试图使这些不领薪水的地方官员为国王的目的服务。都铎王朝的君主们做得比较成功，因为大部分乡绅都支持他们的宗教改革政策。早期斯图亚特王朝的君主就不那么成功 84
了，詹姆斯二世则是完全的失败，因为他要求乡绅们帮助他执行的是一个他们中十分之九的人都痛恨的政策；这个社会里其他各阶层的人对之也同样痛恨。

因此，从某一方面说，光荣革命就是一场地方行政官员对中央权力的反叛。对于挽救英格兰的宪政自由,这场反叛是必需的。但是,不幸的是,经过1688—1689年的事件,地方官员的独立性增加了,如果从建设一个更好的政府和加强社会改革的角度看,英格兰需要的不是削弱而是增强中央权力。但是詹姆斯将加强中央集权和恢复天主教以及建立专制统治结成了一体。由之引起的反作用,使中央权力更加萎缩。在整个18世纪,市镇和各郡的地方行政官员都是自行其是,不受国王和枢密院的任何约束。一直到19世纪民主制度的兴起和边沁主义者的改革,白厅和地方官员之间关系的平衡才得到了重新调整。

在1688年的前几个月里,在共同反对国王和他的耶稣会士谋臣的基础上,已经形成了一个由各阶层、党派、教会结成的联盟,过去所有的分界正在被除掉,共同的目标取代了辉格党和托利党、国
85 教和非国教之间的宿仇。这些过去的老对手,还有那些并不固定地从属于哪个派别的广大的中间阶层,现在为维护宪法和新教而组成了一个牢不可破的方阵。在英国历史上所记录下来的政治运动中,这次运动是一个道德复兴运动,一个迟到的道德复兴运动。作为对清教徒政权(克伦威尔政权)陈词滥调和虚伪的反动,查理二世的统治是一个政治道德松懈,道德怀疑主义盛行的时期。在统治阶层中,原则成为了嘲笑的对象。白金汉、沙夫茨伯里、桑德兰是这个政治流氓年代的典型代表。詹姆斯注意到了他哥哥统治时期那些政治人物的所作所为,这使他相信,英格兰人民的宗教信仰和道德感已经不足以抵挡住国王的威权和恩惠,他可以稳步地改变他们的宗教信仰。这种质疑是对整个国家的侮辱,但不是毫

无缘由的。托利党的小册子作者戴夫南特在十几年后，回忆起这一时期人们的心灵是怎样地被搅动时说道：

“詹姆斯二世采取的改变这个国家宗教的措施，在所有人的心 86
中激起了新的热情：他们越发紧紧地保住他们害怕失去的东西。朝臣们宁愿辞职也不愿被迫去做损害国教的事情。海军和陆军里放荡的生活方式并没有动摇海员和士兵的信念。他们的立场都很坚定。教士们准备着和他们的信众一起面对死亡，他们以天生的勇气和令人钦佩的知识处理神学里那些有争议的部分。各地的教会里都挤满了人。遭受迫害的前景，虽然还不确定，但已经激起了人们的宗教虔诚。”

被激发起来反对詹姆斯的不仅有人们的道义感，还有偏见。英国暴民极端的反教权主义情绪，曾被轻易地鼓动起来去烧毁清教徒的教堂，现在带着更加狂暴的仇恨和恐惧对待耶稣会士和罗马天主教。1688年夏天英国政治舆论的温度已经足以遏制住查理一世或查理二世。但是詹姆斯固执地认为他的父亲之所以会失败，就是因为做出了让步，而且他自己又被一群包围着他的、只想升官发财的马屁精所欺骗，不仅坚持自己的路线，而且还在已经装满了炸药的地雷上扔了一根点燃的火柴，这就是“七主教案”。

这起著名的审判起因于1688年春天《容忍宣言》的再次发布。 87
与一年前的那版相比，这个宣言在主旨上没有什么改变，根据国王的敕令，“成堆的法令”再次被扫进了垃圾桶。不过这一次采取了进一步的行动。根据国王的命令，国教的牧师要在上午的仪式后，在教堂里宣读这个宣言。在英格兰没有几个领圣俸的牧师不相信这个宣言是违法的，但是他们所有人都要成为这个违法行为的参

与者。任何一个教区牧师如果拒绝这个命令，就有可能被带到特别委员会法庭，因为不服从命令而被中止或剥夺圣职。国教会必须在这种近乎绝望的境地为自己想出一个办法。如果全体教士都拒绝宣读这个宣言，那么很难，也许根本不可能对他们进行起诉。但这种全体一致如何才能做到呢？如果有些人读了有些人没有读，那些不服从者就会成为牺牲品。因此需要有一个统一的政策。长期以来，服从国王是国教宣扬的一个主要信条，那么，这种服从的底线，如果有的话，是什么呢？

88 经过与国教灵俗两界领袖们紧张的讨论，桑克罗夫特大主教和他的绝大多数副主教建议对国王的命令进行共同抵制。

大主教对他的教士们的建议在这时显得尤其重要，[①]因为桑克罗夫特天生就是一个害羞而寡言保守的人，属于高教会派中最严格的一派。迄今为止他一直教导人们，国王的意志是所有真正臣民和基督徒的指南。桑克罗夫特虽然对国王的政策深表遗憾，但对于反对詹姆斯，他还一直表现得很犹豫和落后。不过在这危机的紧要关头，他不再犹豫了。现在，他和他的几个最重要的副主教宣布，议会而非国王才是法律的源泉，国王不经过议会就不能中止法令的执行。因此，即使是在那些极端托利党人眼里，《容忍宣言》也是不合法的，他们建议牧师们拒绝宣读它。但是他们重申了他们的承诺，即当议会再次召开的时候，他们支持通过一项针对非国教徒的宽容法案。国教和托利党不再是一个极端的保王党，而再次变成了一个议会党，它现在做出了宗教宽容的承诺，迄今为止

① 在这一时刻，没有约克大主教。

只有辉格党支持这种想法。在这里“革命解决方法”已显雏形。 89

星期天，当伦敦的牧师们被命令宣读宣言时，100 人中只有四人遵守了命令。

他们这样做还得到了伦敦非国教徒领袖们的支持，这些人宣称他们不愿意通过这种宣言得到救助，因为宣言将会摧毁法律和新教信仰。两周后，全国其他地方的牧师也被要求宣读这个宣言，但结果和伦敦一样。国教会已经公开反抗国王。

面对着这样一个团体的反抗，和事实上几乎来自国内各个团体的反抗，詹姆斯有充分的理由让步。但是他一意孤行，命令以煽动和诽谤罪对桑克罗夫特以及其他六名主教进行审判，罪状就是他们递交给他的请愿书，恳求他不要强迫牧师们宣读这个宣言，因为它是违法的。甚至桑德兰，这个每年从法国得到 60 000 里弗，为了保住自己政府首席大臣的位置不惜倒向天主教的家伙，也被詹姆斯的鲁莽吓呆了，开始害怕他和他的主子是否做得太过分了。他很不情愿地签署了拘留七主教的命令，不过他开始采取一种“保险”措施，就是与奥伦治的威廉进行秘密联系。

在一个经过授权的法庭上对七主教进行审判，是英国历史上最有戏剧性的一个事件，它将民众的情绪推向了高潮。七位德高望重、并且众所周知对詹姆斯忠心耿耿的主教(后来他们中的五位成了詹姆斯党人!)作为囚犯走进了伦敦塔，作为犯人站在码头上。这件事证明：在这个国家，即使是最受尊敬、最忠心的臣民，如果他们拒绝积极参与国王的违法行为，也将受到惩罚。主教们尚且如此，其他人还怎么能幻想逃脱国王的报复呢？ 90

对被告们有利的一件事情就是这是一次公开审判。1688 年 6

月 29 日，威斯敏斯特大厅、外面的大街上、广场上聚满了人群，所有的人都被一种强烈的情绪支配着。上院几乎一半的贵族都来到了现场，法庭里坐满了这个国家的头面人物，他们来这里是希望看到主教们能得到公正的审判。此时法官们已经被国王清洗过了，但是四个法官里的两个人仍然斗胆建议陪审团支持被告；因为这个独立自主的行动他们在下周都被解职了。被告的辩护律师曾试
91 图以技术性的理由争取被告的无罪释放，但是失败了，于是留给陪审团的就是这个案件的真实问题所在：臣民有没有权利向国王请愿，《容忍宣言》是否违法？陪审团整夜进行讨论，只有一个人持不同意见，但到第二天全体达成了一致，判决被告“无罪”。宣判后法庭的情形、伦敦街头的狂欢、夜晚的篝火、被七支蜡烛照亮的窗户，更加不祥的是亨斯洛军营里国王部队的欢呼声，使除了詹姆斯以外的所有人都警觉到：国王脚下的大地已经开始崩裂了。

但是詹姆斯仍然不肯让步。一个新的希望引诱着他前进，他有了一个坚持下去的新的动机。差不多在主教审判案三个星期前，王后（他的第二个妻子摩德纳的玛丽）为他生了一个儿子。她婚后多年都未生育，因此人们对这件与自己利益如此攸关的自然事件感到震惊不已。“在 17 世纪人们会相信任何事情。天主教徒认为这是一个奇迹，新教徒说这是一个欺骗。事实上，两者都不是。”①

这个不幸的小王子，在后来被称为“詹姆斯三世”或“老觊觎王位者”，他当然是詹姆斯二世的儿子。他的父亲不够明智，没有在

① G. N. 克拉克：“晚期斯图亚特”，载《牛津英国史》，第 121 页。

王位继承人出生的时候，根据惯例召集更多的新教徒到现场。很 92
快一个传说就不胫而走，说这个婴儿是被装在长柄暖床锅里或者其他什么玩意儿里偷偷带到王后床上的。这个传说被詹姆斯的敌人大加利用，以说服全国人民相信，耶稣会士是什么坏事都干得出来的。安妮在很长时间里也十分怀疑小詹姆斯到底是不是她的兄弟。大部分托利党人从这种怀疑里为自己的良心找到了一点安慰。辉格党人则不管那么多，在1688年短暂地利用了这个传说之后，很快就把它抛弃了，因为他们根本就不相信什么君权神授，就算他真的是詹姆斯的儿子，他们也很高兴能将这个小王子排斥掉。后来审判萨谢弗雷尔案件时，托利党人曾因为辉格党人否认了这个长柄暖床锅的故事而对其大加指责。1711年斯威夫特在托利党刊物《检查者》上发表文章指出，公众的信仰应该被保持下去，“不管它是真的还是假的”。

1688年6月，小王子的出生使得国王与英格兰人民的争吵更加严重和不可调和。现在有了一个明确的王位继承人，根据继承权，这个小王子将会取代以前假定的两个新教徒王位继承人，他的同父异母姐姐玛丽和安妮。没有人会怀疑他信仰天主教的父母也会将他培养为一个天主教徒。迄今为止，许多托利党人准备耐心
地等待詹姆斯的死亡，当他的新教徒女儿继承王位后，他的所有计 93
划都会化为泡影。但是现在将会有一长串的天主教国王来执行他的政策，除非他的臣民诉诸武力。

小王子的出生既刺激了辉格党和托利党领导人策划革命的决心，也给了詹姆斯一个新的理由去坚守自己的路线。如果他能活到这个孩子成年，那自然万事大吉；但如果，这并非不可能，他在他

儿子还是个孩子的时候就死去，他就必须在自己身后留下一个天主教党执政，防止小詹姆斯落到新教徒手中，将他培养成一个国教徒。就这样，七主教案和威尔士王子的出生共同将詹姆斯的统治带进了革命阶段。现在历史学家必须一头扎进这个充满了阴谋的时期，权衡反叛的前景。

第四章　革命 94

1688 年 6 月 30 日，也就是七位主教被无罪释放的那一天，一份文件被秘密地送给奥伦治的威廉，邀请他带兵前往英格兰，全国人民将会团结在他的周围反对詹姆斯的统治。信中没有承诺将王冠奉献给他，也没有任何关于“最终解决办法”会是怎样的暗示。这封邀请信是用密码签的名，签名者有辉格党的德文希尔、拉塞尔和西德尼，国教和托利党的丹比和伦敦主教；另外的两个人是什鲁斯伯里和拉姆利，他们二人的签名证实了这个国家里新教热情的复兴，这两位贵族都是最近才皈依新教的。

在一年或更早以前，辉格党和托利党的领袖们，就已经忘记了宿怨，秘密地在一起商量如何保卫公众的权利，还经常与威廉忠实的代理人迪克沃特进行协商，他代表了威廉的妻子、假定的王位继承人玛丽的利益。那些已经被全国各地采用了的、为保卫宪法而制订的抵抗计划，就是在这些会议上酝酿出来的。但是直到 1688 95
年春天，进行武装起义的想法不管是在伦敦还是在海牙，都还没有被考虑过。然而步伐突然加快了，6 月的七主教案，更重要的是威尔士王子的出生，使两党中那些胆子更大的人确信，事情已经到了必须诉诸武力的时候。

发动的时机并不算早，因为反对詹姆斯的情绪不会比现在更强烈和更普遍了。下一年很可能就太晚了，因为大众的骚动情绪仅仅由于疲劳也会进入低潮期。而且，詹姆斯已经开始通过从爱尔兰引进信仰天主教的新兵来改造他的军队了。他的这一措施深受英格兰本土士兵的怨恨，他们将爱尔兰人看作一个被征服的劣等民族，因此他们与詹姆斯的关系更加疏远了。这些驻扎在亨斯洛的红衣兵(the redcoats)* 对主教们被无罪释放的消息欢呼雀跃。如果詹姆斯能有时间在军队里引进足够的爱尔兰人，他或许能够再次相信他的部队的忠诚，但是此时他的军队的士气处于一种灾难性的混乱中。他在湍急的河流中间换马，革命的时机被精心地安排在他这段正手忙脚乱的时候。

96 除了造反，没有其他获救的希望。即使人们仍然认为威尔士王子是个假货，但只要詹姆斯死前还在掌权，他就将继承王位。在宪法允许的范围内进行抵抗已经达到了它能力的极限。主教们虽然被无罪释放了，但所有的权力机构仍然控制在国王手里。他正在忙着改组军队、法官、地方行政官员和议会选区的选民。让他处于这样一种没有约束的状态，人们的安全还能保持多久？虽然现在法律反对詹姆斯，但是权力却在他的手中，一旦他能够组成一个新的下院——他现在正努力这样做，议会就会使法律也站在他一边，因为新的议会法令可以将法律转变成一种专制主义的法律。这些要求立即行动的理由在6月30日的邀请信里清楚地摆在了威廉的面前。

* 这一时期英国正规部队的士兵穿着的军装都是一种红色的外套，所以往往被通俗地叫作“红衣兵”。——译者

辉格党的政治学说认为，国王与人民之间就是一种契约关系，当国王违反法律时，人民有权进行反抗；一半的托利党人，在他们以前的领袖丹比和伦敦主教康普顿的带领下，现在在这一点上也皈依了辉格党的学说。另一半的托利党人，在桑克罗夫特大主教和诺丁汉勋爵的带领下，虽然不会参加反叛，但是在国王作恶的权力被摧毁前，至少不会在语言和行动上保卫国王。不抵抗主义要求对暴君的服从只是消极的，而不是积极的。根据高教会派神学 97
家的解释，圣保罗曾教导基督徒应该服从尼禄，但是从未说过他们应该拿起武器来保卫这个迫害他们的人，反对禁卫军的政变阴谋。因此，詹姆斯的敌人预测他将会失败，因为所有的辉格党人和一半的托利党人将会参加叛乱，而另外的一半托利党人将会袖手旁观。

的确，唯一真正对起义成功构成威胁的是国王的军队。为此，一个以丘吉尔勋爵（即后来伟大的马尔波罗）为中心的阴谋，在陆军军官中广泛散布开来，其他的密谋分子则忙着在海军的船长中活动。陆军中普通士兵和船上的水手们，虽然没有参与阴谋，但和詹姆斯也都离心离德，至于是否到了要兵变的程度谁也说不清了。一般认为海军士兵是比陆军更加虔诚的新教徒，在那个帆船的时代，一股“新教徒之风”就能够使入侵者不受干扰地登陆，后来发生的事实也的确如此。但是大家都认为，不管未来英国的解放者是谁，他都必须带领一支具有相当规模的军队来英格兰，规模不必大到足以在战场上击败国王的军队，因为大家都真诚地希望可以避免冲突——但要大到足以通过计谋遏制住他们，直到他们因为不满情绪和开小差而解散，直到国内的其他地区爆发武装起义。如 98
果反抗没有足够的军事力量来支持，就像蒙莫斯匆忙发动的反抗

那样，那么没有多少人敢于参加，塞吉木尔大沼泽和血腥审判在人们的记忆里依然清晰可见。

人们经常会问：为什么 1688 年的辉格党人和托利党人要召进来外国军队？为什么他们不自己发动起义，就像 1642 年的圆颅党人那样？他们的情况更为有利，全国人民在反对詹姆斯二世时比当年反对查理一世时更加团结一致。为什么要请外国人进行干涉呢？詹姆斯的确正在引进来爱尔兰人，英格兰人认为他们是比荷兰人更令人讨厌的外国人，这是一个理由，但并非根本原因。

原因在于情势不同了。在 1642 年，查理一世除了从保王分子里招募的志愿者外，根本就没有军队；而在 1688 年，詹姆斯有一支大规模的常备军。在 1642 年，议会是一个人们团结在其周围反对国王的权力中心；在 1688 年根本就没有议会。因此，需要有一个旗帜或领袖，将反对詹姆斯的人召唤起来和组织起来。

因此，必须有一支解放人民的军队，还必须有一位领袖，所有
99 的反对派都乐意集合在他的旗帜下前进。符合这种要求的唯一一支军队就是来自荷兰共和国的职业军队，一支讲多种语言的新教军队，里面包括英国人组成的一支分遣队，他们的出现会大大有助于减轻外国入侵的感觉。而唯一一个、辉格党人和托利党人可以给予同样的信任并团结在其周围的人就是奥伦治的威廉，国王长女玛丽的丈夫。而且作为荷兰的执政官，威廉又可以带来大家所渴望的军队，这真是一个让人高兴的巧合。他还可以作为欧洲反法联盟的首脑，为他这次反对路易十四盟友（指詹姆斯二世）的远征争取到广泛的支持，支持者中不仅有德意志的新教诸侯，还包括西班牙、奥地利，甚至教皇本人。

威廉三世通常被看作是一位辉格党而不是一位托利党的英雄，这主要是因为他在英格兰统治后期发生的一些事情造成的。但是在1688年和革命后的几年里，作为一位领导人，他对两党同样不偏不倚，在感情上并不倾向于辉格党。

的确，在宗教上他最受辉格党人欢迎，因为他是一个不拘泥于教义的加尔文教徒，愿意与英国国教保持一致。从性情上、信仰上和策略上，他支持宗教宽容（甚至对罗马天主教徒），最重要的，他 100
支持建立一个由所有新教徒组成的充满活力的联盟，来对抗路易十四的强权，路易十四刚刚消灭了法国的新教徒，正在威胁着荷兰和莱茵河地区的新教徒。简而言之，威廉是一个被英国先辈称之为的“低教会派”。对此托利党人可以容忍但不会为之欢呼，而辉格党人却非常高兴。

另外，威廉与托利党的政治联系却多于辉格党。他在英国最早的支持者是托利党领袖丹比，是丹比在1677年商定了他和玛丽的婚事。当那些狂暴的辉格党人试图以蒙莫斯取代他们的时候，是托利党人捍卫了他们的王位继承权，辉格党人所犯的这个错误威廉是不会很快忘记的。而且，他在荷兰所代表的是反对共和主义的政党。作为荷兰的执政官和一个王室家族的首领，在国王特权这个问题上，他所持有的观点更多是托利党的而非辉格党的。他怀疑辉格党人是秘密的共和党人，嫉妒国王的特权，而威廉内心里希望得到的就是这种特权，用之来击败法国的路易。为了这个目标，他希望能够在英格兰攫取尽可能多的权力。如果他能成为国王，他就希望得到国王般的权力。虽然他不像詹姆斯，他准备遵守所有限制王权的法律，但他并不希望这类法律继续增加下去。

101 他本人就是查理一世的外孙，奥伦治家族和其党羽对于当年砍下了查理一世头颅的那些造反者是极端仇恨的。简而言之，威廉不是一个辉格党人，在1688年，对于托利党和辉格党他平等对待，他理解他们的党派争吵，对之表示遗憾和蔑视。他认为，辉格党和托利党在过去这些年的胡作非为，是法国能够威胁欧洲各国的一个主要原因，也是造成英格兰国内麻烦不断的主要原因。

威廉前来并不是他爱英格兰或者同情她的不幸，不管是这个国家还是她的人民对他都没有任何吸引力，他的感情全都集中在荷兰。他的妻子热爱英格兰，但是他并不习惯于在制定政策时与玛丽商量，她也不会敦促他去攻击自己的父亲。她本性柔弱，为自己的处境感到悲哀，她无声地接受了她所深爱的丈夫做出的决定，作为能够拯救英格兰、荷兰和欧洲新教事业的唯一办法。

不管从个人还是道义上，威廉都没有义务以这个小小的堤坝和运河之国来冒风险，拯救一个经常对待他和荷兰都很不友好的国家。但是根据他冷静的判断，只有将英格兰带入他费尽心机建立的欧洲反法联盟，使之发挥积极的作用，荷兰才能够从被法国征
102 服的命运中拯救出来。如果他能够成为英格兰国王，这个目标当然就可以达到了。即使不能成为英格兰国王，如果詹姆斯的政策必须服从一个自由选举出来的议会的意志，这个目标依然可以达到。为此，他决定即使入侵英格兰需要承担巨大的风险，他也必须勇敢面对。他开始着手准备——军事的、外交的和政治的，他的英明和果敢标明了他是世界伟人之一。

威廉的宣言预报了他的到来。他声明，他是应教俗两界一些贵族的邀请，来帮助英格兰人民恢复那些被强夺走的自由的。宣

言里最重要的条款就是呼吁由一个自由选举的议会来决定所有存在争论的问题。“一个自由的议会”也是当年查理二世复辟时蒙克提出来的前提条件，和现在几乎一模一样。在1660年和1688年的运动中的确有许多相似之处。在两个事件中，目标都是要铲除由武力支持下的专横和不受法律约束的权力，恢复英格兰古老的法律和一个自由议会的权威。在这两个事件中，人们都发现达到目的的最好、最长远的方法就是拥立一位新国王。

威廉和邀请他的那些英格兰人清楚地看到，“自由议会”是能 103
够将詹姆斯的所有敌人团结起来的唯一可行的口号——辉格党和托利党，国教徒和非国教徒。至于在叛乱成功后，解决方案的实质是什么，特别是是否把詹姆斯赶下王位，任何在这方面过早做出的暗示都将会导致这个国家的分裂，而在此紧要关头，团结是最重要的。在需要迅速行动的时候它将会激起大家的争论。仅仅声明一个自由议会应该决定所有有争论的问题已经足够了。但是除非首先粉碎詹姆斯的军事力量，就不可能有议会的自由选举，而且即使能自由选出一个议会，它也没有权力解决这些艰巨问题。他被解除武装后，他的地位如何将部分地取决于议会，也许更主要地取决于他自己。

在扬帆远征之前，威廉需要克服的政治上和外交上的困难是如此巨大；如果没有一点不同寻常的运气的话，恐怕就连他如此过人的才能也难以克服这些困难。

荷兰人不是一个喜爱冒险的民族，举行如此冒险的远征必须首先得到他们的一致同意。统治着阿姆斯特丹这座伟大城市的共

104 和党希望限制执政官的权力，在正常状况下最不愿意看到的就是威廉成为英格兰国王，从而加强他在荷兰的地位。而且，共和党是一个奉行和平主义的政党，热切地希望能与法国保持友好关系，如果荷兰进攻詹姆斯，他们就会与詹姆斯的保护者路易十四发生战争。对威廉抱有敌意的这个党虽然在荷兰国会中只占少数，但是这个联省共和国的宪法使得一个极小的党派也能够阻止这次决定性的行动。七个省中的任何一个，或者任何一省中的一个城市，都有权投票否决在这次远征计划中使用联邦的陆军和舰队。如果不是他的敌人路易十四助了他一臂之力，威廉的所有治国艺术也难以使他得到所需要的一致同意。

如果路易十四公平友善地对待荷兰共和国，或者他在靠近荷兰的边境上保持一支庞大的军队，不管是哪种情况，威廉都不可能得到同意，离开荷兰去远征。但是法国国王这时正处于一种狂暴的心情中，在他一生中，这种狂暴的心情曾数次将他多年的心血毁于一旦。在1688年，他对荷兰人的侮辱和欺凌，甚至使奉行和平
105 主义的共和党人也团结在了威廉的周围。同时，他将驻扎在荷兰边境的军队抽调出来，投入到征讨莱茵河地区德意志各邦的战争中。荷兰人一致认为，他们必须抓住这个稍纵即逝的机会，乘法国军队调往他处，派他们的执政官赢得与英格兰的联盟，因为面对着路易这样一个糟糕邻居，没有任何其他的办法能够使他们获得安全。就这样，在最后一刻，他们同意了威廉的远征，随同的是荷兰的舰队和许多现役的地面部队。

为什么路易会犯这样一个他人生中最大的错误，在1688年夏天解除了对荷兰的军事压力？他对詹姆斯感到恼怒，詹姆斯在这

最紧急的时候拒绝了这位法国施主的帮助和建议，而他的整个政策就是建立在和路易的友谊这个基础上的。但是路易并不是感情冲动的奴隶。他的确对詹姆斯感到恼火，但他也盘算过了，即使威廉登陆英格兰，发生的将是长久的内战，就像这个喜欢闹派系的岛国以往发生的那样。这样，他就可以从容地征服欧洲。“在二十年的时间里，”阿克顿勋爵指出，“他一直期望英格兰由于其内部的纷争无力插手欧洲事务，他很高兴荷兰人出发去英格兰，这样他就可以给德意志的利奥波德皇帝重重的一击了。”他认为“詹姆斯和威 106
廉之间的冲突不可能不留给他机会”。这个估计并不像事后看来那样荒谬。它之所以失败了，只是因为出现了一种新型的革命，它出乎意料地迅速、和平、稳固。可谓史无前例。1640 年英格兰发生的那场革命，在克伦威尔闪亮登场，准备对欧洲事务进行有效的干预之前，持续了十几年。但是 1688 年的革命在仅仅几个月内，就产生了一个团结一致的国家，她敢于将蔑视掷给路易；虽然在这时她对战争还并不精通，但决心在数年的亲身经历中重新学习这门艺术，直到路易被击败，欧洲获得拯救。

到 1688 年 9 月，各地的人们都已经知道，推翻英格兰政府的远征正在荷兰的码头准备着。詹姆斯终于害怕了，向民意做出了巨大的让步。他取消了特殊委员会法庭，恢复了莫德林学院那些被驱逐成员的职位，归还了伦敦和其他城市以前的特许状，他还让以前被他免职的那些托利党贵族乡绅官复原职，继续担任地方上的郡守和治安法官。

这些让步，如果是六个月前做出的，可能会产生很大作用。但 107

是现在毫无效果。很明显，这些让步都是为了应付荷兰迫在眉睫的入侵。而且，即使是在现在，詹姆斯也拒绝在“搁置权”这个根本性的问题上做出让步。他仍然在政府内保留着天主教徒。虽然这违反法律，但他依然认为他有权发布命令搁置这些法律。因此，只要那些根据法律不应当担任公职的人仍然留在郡法庭里作为他们的同事，或者留在白厅作为他们的长官，许多托利党人就会拒绝他官复原职的邀请。就是那些同意官复原职的人也觉得他们没有道德上的义务去支持詹姆斯反对威廉。简而言之，10 月份国王在政策上的犹疑和改变，当下一个月危机来临时，只是起到了削弱和搞乱他自己阵营的作用。

国内民众对詹姆斯的愤怒和不信任，这时候已经不可能仅靠一部分的让步来平息和安抚；这些迫于压力做出的让步，一旦危险过去，很可能就又被取消。在过去的三年里发生了太多的事，不是仅仅一句话就可以原谅的。当国王的代理人要求约翰·布拉姆斯顿爵士重新为国王服务时，老约翰脱口而出的话代表了托利党乡绅的真实感情——“有些人总是认为，对待一个绅士，只要给他的屁股上踢一脚就行了”。

108 国王的臣民们持怀疑态度是对的。詹姆斯决心绝不做一个立宪君主，或者放弃他的宗教目标。如果在 10 月他真的想做出让步，他本来可以召集一个自由选举的议会，就像所有渴望和解的人恳求他的那样。他发出了选举议会的令状，但在 10 月 28 日又撤回了。他告诉西班牙大使，“我要么全赢要么全输”，詹姆斯决心宁可不做国王，也绝不放弃自己的计划，随后他向法国的奔逃只不过是他的决心的最终证据而已。他不是一个自私自利的阴谋家，如果他是这样的一个人,他也不会被推翻了。他对原则的坚定和执着也许值得我们赞扬,当然也值得我们感激,因为它使问题明朗化了,从而产生了一个持久的解决办法。

那些迫使詹姆斯做出部分的、又过于迟缓让步的恐惧感,也使得那些宫廷里的趋炎附势者惊慌失措。头号伪君子桑德兰为了保住官位,在夏天的时候已经皈依了罗马天主教。但是当他开始嗅到空气中弥漫的革命气味时,他就幡然改途了。为了保住他的脑袋和财产,他开始在国务会议上提出温和的建议,并和威廉进行秘密的联络。他受到了怀疑,10 月底被詹姆斯解除了职务。 109

站在国王这边的还有大法官杰弗里和耶稣会士彼得,这个岛国上最不受欢迎的两个人,事实证明他们不过就像是暴风雨面前的谷壳。戈多尔芬、达特茅斯、爱斯勃雷、米德尔顿对国王依旧忠诚,但他们并非国王信任的顾问,他们对国王的政策一直就不赞成。当威廉登陆的时候,詹姆斯身边已经没有像海德和福克兰那样最好的保守派大臣来给他建议了。在内战爆发前的几个月里,他们二人的聪敏才智在筹划方略和纠正查理一世的错误上曾做出了那么大的贡献。詹姆斯将所有像哈利法克斯和诺丁汉这样的人都赶到了对立面,或者叛乱者的阵营,比如丹比。现在也没有了像鲁伯特王子这样的人,可以鼓舞起军队的士气,领导他们打击入侵者和叛乱者。军队的总司令费弗沙姆勋爵,既懒惰又无能。副司令丘吉尔勋爵,这位那个时代最伟大的战士,却是军官中密谋集团的首领,他们的目的就是要拯救英格兰的法律和宗教。他和他的妻子萨拉,已经说服他们的朋友、詹姆斯的第二个孩子安妮,加入到了反对她的父亲、维护国教和民族利益的一方。除了密谋集团, 110

国内的其他人都在怀疑、犹豫、对国王的愠怒中等待着事情最终会有怎样的发展。此时根本就没有保王党，甚至在教士们中间也没有。甚至在威廉登陆后，主教们，包括后来成为詹姆斯党人的那几位主教，都拒绝了国王的要求，不肯发表一个反对叛乱的声明。不抵抗主义一直都是圣公会一个别具特色的信条，但是在那个关系重大的一个月里，她的教士却拒绝公开宣布它。

在11月的头几天里，威廉的声明被秘密地印刷出来，分散到了英格兰人的手中，他们仰望着空中的风信标，期待着一股“新教之风”的到来，嘴里哼着“勒里不利罗”这首讽刺爱尔兰天主教的歌曲，听着街道里传唱的民谣：

善良的人们，来买我叫卖的水果吧，
它正当时令，虽然冬天还未远离；
它对你益处多多，
会使你的血液也变得像蜜糖，
我确信当你明白我说的是什么，你一定会快乐，
它是一个橘子(奥伦治)*

等待的痛苦被延长了，因为威廉的舰队在离开荷兰的海岸时，被由西而来的风暴迟滞和猛击。最终风向变为东风，吹送着这支新的
111 无敌舰队向西顺海峡而下，驶向德文郡的海岸；这股风也将英国舰队封锁在了泰晤士河口。如果风向有利，舰队中的任何战舰是否

* 英文中橘子和奥伦治是一个单词(Orange)。——译者

会服从达特茅斯的命令攻击荷兰人，谁都难以回答。此事无从证明。多亏这股“新教之风”，威廉在托湾的登陆没有受到任何干扰。在这个虔诚的年代里，人们将威廉看作是受到上帝护佑的解放者，更何况他登陆的这一天正是 11 月 15 日，许多年来，在这一天的傍晚，都会举行宗教仪式和群众庆典，感谢上帝将英格兰从盖伊·福克斯的教皇阴谋中解救出来。从此以后，在英格兰的新教徒中，这一天就有了双重的纪念意义。

威廉登陆时带领的军队是 12 000 多人，人数还不到詹姆斯花钱建立起来的常备军的一半。这是一支多国部队，因为荷兰共和国是从许多不同的国家征募军队的，除了荷兰人外，还有丹麦人、瑞典人、德意志人、瑞士人和法国的胡格诺教徒。英格兰和苏格兰的团队很显眼地走在最前面。看起来这好像是欧洲各民族中新教徒的大集合，一起来帮助解放英格兰，而不是一次荷兰人的入侵。112
当威廉率队前进的时候，一面大旗飘扬在他的头上，上面是奥伦治家族历史悠久的一句格言，“我将要坚持”，不过后面加上了一句很合时宜的宾语：“英格兰的自由和新教”。

当威廉的部队在德文郡泥泞的乡间小路上艰难跋涉时，受到了当地人们兴高采烈的欢迎，埃克塞特的居民就像欢迎一位凯旋者一样将威廉迎入了德文郡的首府。但市里的治安法官和教堂的教士们却不愿参与进来，主教逃到了伦敦，他也因此被詹姆斯封为约克大主教。有一周的时间，当地的乡绅和知名人物没有人敢冒险加入威廉的队伍。如果他登陆时没有带军队，只需要一小队皇家骑兵就能把他赶到大海里。

武装起义虽然很快就遍及各地，但起初显得很迟缓，其原因就在于威廉并未在预定的地点登陆。根据约定，他应该在约克郡的东海岸登陆，丹比会发动约克郡三个地区的人民起义来响应。但是威廉的舰队被风吹向了西南海岸。由于不能和威廉会合，北部和中部地区的起义只能重新安排，这样起义就被耽搁了两周的时
113 间。在德文郡，三年前才刚刚发生蒙莫斯叛乱，叛乱者受到的可怕报复使当地人至今心有余悸，威廉和他的军队出乎意料出现，一时还不能使这个地区的人们摆脱那种可怕的阴影。

最先起来欢迎威廉到来的是普通民众。西南地区的头面人物从民众的热情中判断出了形势，经过短暂的犹豫后，开始加入威廉的队伍。关于这次革命的一贯说法就是这次革命是“贵族的”而非群众性的，这种说法与所有的事实都是不相符的。全国各地城镇和乡村中的普通民众都是反对詹姆斯的。但是在斯图亚特王朝时期的英格兰，特别是自1660年复辟以后，群众性的运动只有在上层阶级的领导下才会有效果。因此很难说在这次革命中哪一个阶级比另一个阶级贡献更大。

到11月中旬，各地的辉格党和托利党领袖们纷纷从自己的家中出发，带着一小股武装骑兵加入到埃克塞特威廉的宫廷和军营中。从军事力量的角度看，新来者的作用有限，但是在政治影响上所起的作用却是巨大的。这正是威廉所希望的，因为他并不希望发生战斗。国王的军队会因为感到全国人民都反对詹姆斯，而最终被征服。

114 在埃克塞特加入威廉的人当中有爱德华·西摩尔爵士，他是西南地区的选举之王，一个托利中的托利，一向仇视非国教徒，但他是一个新教徒和议会派。除他之外，来投奔的还有其他一些高

级别的保王分子，比如阿宾顿伯爵和克拉伦登的儿子康伯里勋爵，康伯里是第一个带领一支王军叛变投奔过来的人。这些托利党人的到来比那些辉格党人如拉塞尔、沃顿等人的到来所产生的作用更大，人们更习惯于将这些辉格党人的参加看作理所应当的事情。在埃克塞特，辉格党和托利党组成了一个党，并在西摩尔的提议下签名成立了一个团体，誓言将站在威廉亲王身边，共同为实现亲王宣言中的目标而努力；甚至如果亲王被杀死了，也要替他复仇，并继续为保护英格兰的自由和宗教而战斗。

这样，在一个极端高教会派和托利党人的提议下，在埃克塞特成立了一个联合党，绝大部分英格兰人很快加入进来。只有在它的目标达到以后，这个党才会解散。革命成功后，在革命解决方法的实质内容上辉格党和托利党之间才产生了分歧。

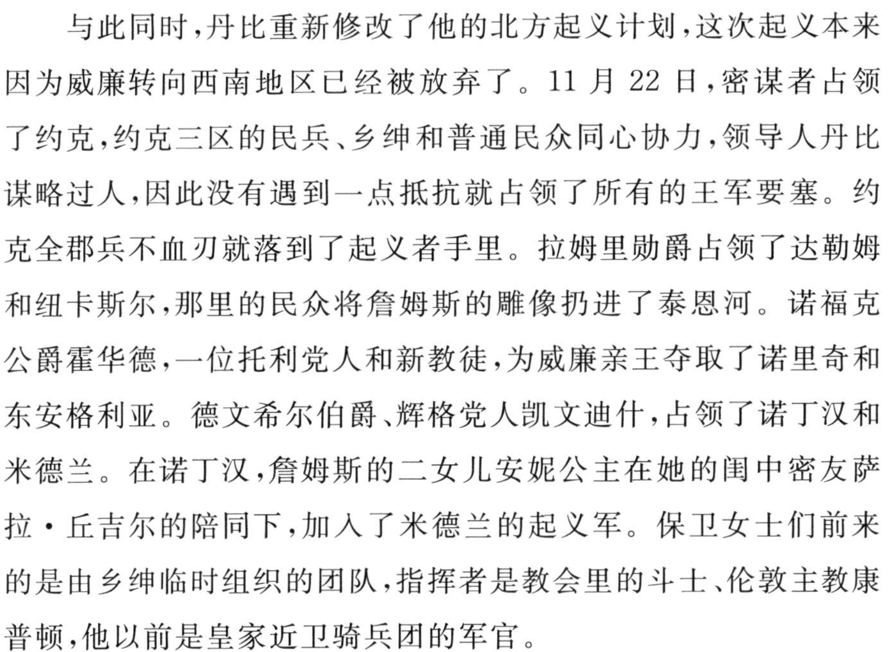

与此同时，丹比重新修改了他的北方起义计划，这次起义本来因为威廉转向西南地区已经被放弃了。11 月 22 日，密谋者占领了约克，约克三区的民兵、乡绅和普通民众同心协力，领导人丹比谋略过人，因此没有遇到一点抵抗就占领了所有的王军要塞。约 115
克全郡兵不血刃就落到了起义者手里。拉姆里勋爵占领了达勒姆和纽卡斯尔，那里的民众将詹姆斯的雕像扔进了泰恩河。诺福克公爵霍华德，一位托利党人和新教徒，为威廉亲王夺取了诺里奇和东安格利亚。德文希尔伯爵、辉格党人凯文迪什，占领了诺丁汉和米德兰。在诺丁汉，詹姆斯的二女儿安妮公主在她的闺中密友萨拉·丘吉尔的陪同下，加入了米德兰的起义军。保卫女士们前来的是由乡绅临时组织的团队，指挥者是教会里的斗士、伦敦主教康普顿，他以前是皇家近卫骑兵团的军官。

甚至是在起初这些疾风骤雨般的日子里，也没有发生流血事件。在那些没有领导者约束暴民的地方，那些不受欢迎人物的住宅会被抢劫，天主教乡绅的鹿苑会被打开破坏，但没有杀人的事情发生。在这方面如同在其他方面一样，这次革命与法国革命的风格形成了鲜明的对比。因为国王的党羽没有进行抵抗，所以也没有战斗发生。在王军驻地之外的几乎所有地方，起义都取得了不流血的胜利。

116 但是最终的成败要由伦敦和其临近的各郡决定。首都和东南各郡的人民在情感上强烈倾向于威廉亲王一边，但是国王常备军的存在使他们暂时受到了抑制。

如果在威廉登陆之后，詹姆斯愿意与他的人民达成和解，放弃他反对国教和宪法的计划，他是可以挽救他的王位的。托利党人，甚至包括那些拿起武器反对他的人，在这时都没有想要推翻他。他只需要召集议会并服从它的决议。那些聚集在伦敦的极端派托利党贵族和主教们恳求他发布令状举行大选，从而消弭所有内战的可能。他的回答却是，在威廉和他的军队离开这个岛国之前，他不会召集议会。他知道，现在召集议会就等于放弃自己的计划，虽然这会挽救他的王位。他告诉他的密友，他不会放弃一粒原子，“不，哪怕是一粒原子。”他将前往前线去冒战争的风险。他出发了，留在身后的是他的首都，内部因不满情绪而动荡不安，代表他处理政务的是一个由五人组成的委员会，其中两人是天主教徒，还
117 有一人就是令大家痛恨的大法官杰弗里。就这样，他去了战场，但那些极端派托利党贵族和主教依然没有和他的利益取得一致。

带着这种顽抗的心情，詹姆斯出发前往西部，领导他在索尔兹伯里的先锋部队抵抗入侵者。当北部、米德兰、东安格利亚发生起义时，威廉仍然在埃克塞特等待。他的伟大目标就是避免战斗，给群众运动以充分的时间发展，从而最终达到瓦解王军的目的。

11 月 19 日，詹姆斯到达了索尔兹伯里。在接下来他和他的部队待在那里的一周时间里，战役的结果最终决定，虽然敌对的两军还相距数英里。当听到詹姆斯已经到了索尔兹伯里，威廉从埃克塞特向前缓慢地移动，他很聪明地将他的不列颠部队派在前面。他们在温坎顿与詹姆斯的一些爱尔兰部队发生了小规模的遭遇战，这反而使得这场入侵更加迎合英格兰人敏感的种族情绪。但是没有发生任何具有军事价值的遭遇战。这场战争的胜败决定于索尔兹伯里的大营和詹姆斯的心中。

詹姆斯发现驻扎在索尔兹伯里的部队士气低落，或许还有敌
对情绪。消息大量涌进来，说泰晤士河以北的英格兰人都举行起 118
义反对国王。詹姆斯最终意识到军队里的许多军官，包括他一开始就怀疑的丘吉尔，都已经和威廉秘密结盟了。他已经不知道该信任谁了，因为丘吉尔曾是他最宠爱的一个人。他的一些朋友恳求他逮捕这些嫌疑人，但他犹豫不决，不愿由此促发一场危机。他的健康和精神都大受震动，一连三天他都将自己关在屋子里，鼻子流血不止。当他恢复健康后，他命令军队退回伦敦。这就等于承认威廉已经获胜，从而使那些仍然残留的对他的忠诚也瓦解掉了。丘吉尔、格拉芙顿、柯克等许多人径直投奔向了威廉的大营。残留下来的王军已经丧失了所有的士气，没人再愿意为一个看上去既没有能力与敌人谈判、也没有能力与敌人打仗的国王战斗。

就这样英格兰躲过了一场内战。她这次巨大的好运主要归功于两个人:詹姆斯和丘吉尔。在威廉登陆后,作为一个政治家,国王表现得很固执;作为一名战士,却又表现得无精打采、左右动摇。
119 他不愿意争取中间派或召集议会,但又不敢带领他的军队去战斗,因为害怕军队会背叛他。这种担忧不是没有根据的:军队的瓦解主要归因于已经持续数月的阴谋活动,主要头目就是身为副总司令的丘吉尔。在他生活的年代,以及以后的年代,许多人认为丘吉尔对国王的背叛是一个不可原谅的行为。不仅詹姆斯党人,而且辉格党史学家麦考莱都持这种观点。但是这个问题并无定论。丘吉尔并没有像桑德兰等一些溜须者一样,为了保住自己的官位而假装赞成詹姆斯的政策,他只是装作一名忠诚的士兵。阴谋的本质就是欺骗。如果,就像麦考莱想的那样,詹姆斯的暴政证明了阴谋的正义性,那么阴谋的道德准则又是什么呢?这并不容易确定。丘吉尔的选择,不管对与错,都帮助英格兰免于了内战。丘吉尔为国王服务的目的就是为了背叛国王,在这个问题上最有争论性,但可以肯定的是马尔波罗为英格兰所做的伟大贡献不止这一点点。丘吉尔违背了自己的军人誓言是因为詹姆斯也违背了自己的加冕誓言,在革命时期一个人的行为准则和平常生活中的准则是不同的。这些准则是什么很难确定,英格兰人民很幸运的是自1688年圣诞节后他们不必再追问自己这个问题。

120 当詹姆斯没有经过一场战斗就败回伦敦,问题就从军事领域转向了政治领域。国王实际上已经被解除武装了。12月2日伊芙林在他的日记中写道:“政府里的天主教徒已经扔下工作逃跑了。他们都感到了极度惊恐。这看上去像是一场革命。”

现在所有的问题都必须通过一个自由选举出来的议会才能解决。这一点已经很清楚了，但其他的事情还在怀疑之中。如果詹姆斯自己召集议会，这个议会当然不会推翻他。如果他准备放弃他的计划，愿意成为一个立宪君主，不管是辉格党人还是威廉都不会将他赶下王位。因为国教派和托利党永远都不会同意明目张胆地废黜国王，这和他们信奉的神圣的君主世袭制完全矛盾。只有通过内战詹姆斯才会被推翻，但那个时代的英格兰人，在他们父辈经历的教导下，决心再也不要内战了。但是詹姆斯却因为逃往法国，自己将自己废黜了，并且他还废黜了他的子孙后代，因为他将威尔士亲王送到法国宫廷，将之培养成了一个天主教徒。他让托利党人没有选择，只能采纳辉格党的政策，将王冠戴到了威廉和玛丽的头上。就这样，革命以一场王朝更替而结束。 121

詹姆斯的逃亡是个人选择，而非环境所迫。这件事使他所有的朋友都抱憾终生，不管是天主教徒还是新教徒，除了那一小撮引导他走向毁灭的耶稣会士和亲法分子。詹姆斯的逃亡极大地减少了内战的可能性，因为它使得托利党人没有了理由去反对辉格党人更换国王的要求，并且它还将绝大多数最近还是保王分子的人赶到了辉格党人一边。它决定了“革命解决方法”最终采取的形式。

在提前将他的妻子和小儿子送到法国的路易那里接受保护之后，詹姆斯就准备也跟着他们逃亡。为了掩盖真实目的，他派哈利法克斯和其他一些贵族到位于亨葛福德的威廉军营里，委托他们与威廉就选举和召集一个自由的议会等事宜进行谈判。当这个虚假的谈判进行之时，12 月 11 日凌晨 3 点，詹姆斯偷偷地溜出了白厅，沿着泰晤士河南岸奔向了肯特郡的塞贝岛，在那儿有一艘小船正等着他，准备载他去法国。在他走后，他没有留下摄政者来管理
122 这个国家。他毁掉了选举新一届议会的令状，将国玺沉入了泰晤士河，命令解散军队。他的目的就是要使英格兰陷入无政府状态，这样将会有利于他的胜利归来——作为一支法国军队的首领，或者在已经悔改了的人民的召唤下。

1688 年 12 月 12 日，当这个国家从睡梦中醒来时，发现已经没有政府了。当晚，伦敦就落入了疯狂的暴民手中，他们烧毁了天主教徒的宅邸和教堂。但是没有人遇害，无政府状态的进一步蔓延被及时地制止了。那些恰好在伦敦的主教和贵族政要，包括桑克罗夫特大主教以及其他一些后来成为詹姆斯党人和拒绝效忠者的人，组成了一个临时公共安全委员会，采取措施在首都恢复秩序；并邀请威廉迅速前来援助。哈利法克斯和所有那些正试图通过谈判达成一项妥协方法的中间派，这时都孤注一掷地投入了奥伦治亲王的阵营。詹姆斯的逃亡迫使整个国家都团结到了他的对手的旗帜下，因为这是保护法律和财产免遭暴徒蹂躏的唯一办法了。就像达特茅斯夫人从伦敦来的信中所说的那样："大法官（杰
123 弗里）已经是伦敦塔中的囚犯，暴民们准备把他撕成碎片。自国王离开后，这座城市就陷入了巨大的动荡中，暴民们推翻了天主教徒和外国大使的教堂和房子，每个人都处于极大恐惧之中，盼望着奥伦治亲王速来平息事端。"

詹姆斯再次为他的对手扫清了道路。迄今为止，事态的发展滑向了一种出人意料的和平和迅速的解决方法；不过由于一个非

常偶然的事故，事态的发展遇到了一个同样出人意料的障碍。当詹姆斯由于天气恶劣无法离岛之时，一个暴民登上了他乘坐的小船——詹姆斯逃跑的消息传开以后，这种暴民到处都是。渔民们搜查了这艘船，误将国王当成了一个准备逃往法国的耶稣会士，粗暴地将他推来搡去，然后将他作为俘虏带上了岸。

他的身份很快搞清楚了，国王作为囚犯落到了一伙粗人手里。消息传到首都后，激起了一阵天然的同情心，许多人仍然希望他能够回来，依法而治。

威廉尚未到达伦敦。如果他到达，毫无疑问他会传令到肯特，
释放詹姆斯，允许他自由地乘船离开。但是伦敦现在仍然由贵族 124
组成的委员会控制着，在如此怪异的情况下，他们不知如何是好，他们中的许多人仍然希望詹姆斯能回来成为一个立宪君主。詹姆斯最好的朋友爱斯勃雷勋爵和费弗沙姆勋爵，被派去接他回首都。爱斯勃雷首先到达，发现詹姆斯在捕获他的人中间，“坐在一张大椅子上，戴着帽子，胡子很长，就像那张他的父亲在伪最高法庭前受审的油画一样。他带着不高兴的神情领我走到一扇窗前说，‘我离开伦敦后，你们就是国王了’”。

即使是对忠诚的爱斯勃雷，这话也太过分了。他回答道：“请容许我禀告陛下，您连一个摄政委员会也没有留下就离开了，要不是我们的小心和警惕，伦敦这座城市也许就是一片灰烬了。”

一支卫队陪伴着詹姆斯带着皇家的威严回到了白厅。当他通过市区时，那些刚刚洗劫了天主教徒的暴民，用欢呼声迎接这位归来的君主，这部分是出于对他出逃中所受屈辱的同情，部分是希望国王回来后，会从此依据这片土地上的法律进行统治。

125 这个事件给了詹姆斯最后一个机会与他的臣民达成和解，但是他心中没有这样的打算。他仍然决心去法国。他的第二次逃亡因为威廉的计谋而被加快了，威廉不仅采取各种办法使他的第二次出逃更加容易和安全，而且采取严厉的手段清楚无误地试图将国王吓跑。虽然弑君是那个时代英格兰人最为厌恶的罪行，詹姆斯，就像他告诉爱斯勃雷的那样，仍然害怕留在英格兰也会遭遇到查理一世的命运。威廉无意为詹姆斯消除这种无用的恐惧，虽然对国王的人身采取暴力手段是他能想到的最后事情。他将自己的宽宏大量变成了一种严厉的政策。直到詹姆斯回到伦敦，威廉虽然在军事上是胜利者，但仍同意将他失败的对手在政治上平等对待，在亨葛福德举行的谈判中甚至没有要求在大选期间占领伦敦。但是在国王第一次逃亡，伦敦的托利党贵族邀请这位奥伦治王子进入首都之后，他不准备因国王被迫回到首都而坐失良机了。形势的发展已经无法再恢复一周前的状态了。

因此，威廉派他的荷兰蓝衣卫队去占领白厅的哨位，代替了詹
126 姆斯的英格兰卫队，夺取了对国王行动的控制权。接着他命令他的对手不得再进入伦敦。詹姆斯被安排在罗彻斯特居住，人们很容易就想象得到，挑选这样一个滨海城镇就是为了让詹姆斯再次向法国逃跑，而且不会再被人干扰。他被荷兰的蓝衣兵护送到了罗彻斯特，安放在滨海的一座房子里，完全可以自由活动。12 月 22 日午夜，詹姆斯再次偷偷地逃了出去，从此再也没有踏上这个岛国。

就这样，国王第一次出逃的意外中断并没有阻止他最终的离开，或者改变“革命解决方法”的实质。但是它导致了支持詹姆斯的第一次感情上的反动，由此詹姆斯党开始形成。自此以后，就有人争辩说他是被迫逃亡的，虽然事实上他的出逃是他自愿和坚定不移的目标。而且荷兰蓝衣兵取代王宫周围的英格兰红衣兵的场景，以及将一位英格兰国王沿着泰晤士河押送出去的场景，的确让大家感到很不愉快。事实上，在革命的那个冬天里，英格兰的军队由于相互矛盾的忠诚感而被搞得心烦意乱，他们既不被威廉信任
也不被詹姆斯信任。虽然詹姆斯不敢冒险领着他们去打仗，但至 127
少他们比这个国家的其他人更像是詹姆斯党人。当 1688 年 12 月 18 日，奥伦治亲王胜利进入伦敦的时候，他受到了英格兰普通民众的爱戴，但英格兰军队却讨厌他。十年以后，这种情况正好反了过来。虽然他作为一位政治家要比作为一位将军伟大得多，但是他冷冰冰、粗鲁的态度很快就使他失去了英格兰臣民的爱戴，然而他在战场上英勇无畏的指挥却使他赢得了那些跟随他在爱尔兰和佛兰德尔征战的士兵的心。

詹姆斯因为他的第二次逃亡最终下了台，这个国家必须为自己组建一个政府。此时的英格兰没有合法的权威，除非马上想出一个解决方法，否则在无政府状态下很可能就会发生内战。在苏格兰事实上内战已经爆发了；爱尔兰这时仍然忠于詹姆斯，正准备着粉碎英格兰殖民者在乌尔斯特的最后顽抗；法国的路易，正准备用它庞大的舰队和陆军，支持流亡中的詹姆斯。在此危急时刻，英格兰人的政治天赋得到了最充分的发挥。圣诞节前，查理二世统
治时期的上院和下院的议员，那些能马上赶到伦敦开会的，开始开 128
会商讨王国的安全问题，要求奥伦治亲王接管英格兰的行政治理，

并召集一个议会大会(Convention Parliament)。苏格兰的政要们也代表英格兰的姐妹王国提出了相似的要求。威廉承担起了这个任务,平息了英格兰的无政府状态,保护天主教徒免遭进一步的迫害,从城市借钱以应付国家的紧急需要,加强了因国王消失而动摇的治安法官和法庭的权威,将解散了的皇家陆军中的英格兰和苏格兰团队合并到了自己的队伍中,将爱尔兰部队遣送出了这座岛屿——因为他们的出现导致了大范围的恐慌;最后,也是很重要的一项措施,发布信函要求马上举行选举,在下个月举行议会大会,来处理王位问题和英格兰的未来。

亲王在行使属于国王的权力。这缺乏法律上的合法性,但由于在国王出逃后,国内没有了任何合法的权威机构,亲王的命令被广泛地遵守了。谁应该做国王这个问题被留给亲王正在召集的议
129 会大会来解决。不过威廉在1688年圣诞节期间成功地主持了临时政府事务这个事实,使人们习惯了这样一个意见,即在下个月议会召开的时候,他和他的妻子应该被立为国王和王后。

如果詹姆斯仍然留在英格兰,愿意做一名议会指导下的国王,很可能这次革命对英国宪政形式的改变要比实际发生的大得多。如果对他的权力没有明确的限制,詹姆斯将失去人们的信任。但既然威廉做了国王,大家就认为不必用那些半共和制的限制来束缚他的手脚了。例如,威廉继续像以前所有的国王一样,挑选他自己的大臣,任命法官和治安法官,陆军和海军的军官。这种留给新国王的行动自由的确在他统治后期使他和下院经常发生冲突。国王和下院之间的摩擦,逐渐在宪法惯例上而非法律上导致了重大的变化。在威廉、安妮和乔治一世统治时期,在“光荣革命”的推动

下，英国的宪政开始向现代内阁制的方向前进，内阁制使得议会领 130
袖可以选择和执行国王的政策，任命皇家官员。但是在1689年没
有任何人渴望和预见到这种改变。而且这种改变并非在法律上而
是在惯例上。从法律的角度看，今天的国王保有的行政权和都铎
王朝的君主们一样多，但是这些权力的行使早就委托给了内阁大
臣们，他们则代表着下院的多数。

但是革命后詹姆斯如果选择继续做国王，很可能国王在这些方面的权力将会被法律严格限制。如果他还坐在他的老位置上，没有人会再信任他。提供给他的大臣将不再由他来选择，国王在教会和政府的恩赐权将会被取消。后世英国将会有一种非常像成文宪法的东西。詹姆斯的逃亡法国为人们省掉了在宪政法律方面做出任何正式修改的必要，这种修改在实际应用中将会是很笨拙的，甚至可能是一种灾难性的试验。

这样，实际上做出的些微变化只是王位继承顺序，做出牺牲的
是詹姆斯和他的儿子。这是此次革命中最有革命性的方面，但却 131
是此次革命其他保守特点的必要条件。

132 第五章　革命解决方法

我们现在审视的关于教会和政府的革命解决方法，只做出了微小调整，一直沿用到了19世纪的改革年代，它的主要原则仍然是英国此后建立的民主和官僚制度的基础。这个解决方法缘起于詹姆斯的外逃，但它的内容却是议会大会精心思考和选择的结果。

准确地说，什么是“议会大会”？它是由奥伦治亲王在圣诞节发出的信函召集起来的，而他又是根据那些贵族和前下院议员召开的非正式集会的请求发出信函的。据此举行的选举发生在王位空位期间，所依据的只是亲王的信函，它们不是只有国王才可以发布的合法令状，此时没有了国王。大会要做的第一件事情就是推举一位国王。从法律的角度严格来讲，1月召开的两院会议并不
133 是议会。它们仅仅是“大会”，类似于1660年将查理二世召回的那届大会。这个事实从法律上给了詹姆斯党人一个借口，指责威廉和玛丽的国王和女王头衔不合法，因为他们的头衔是由这个非正式的“大会”得来的。而查理二世的国王头衔，从法律的角度看，并非来自1660年的大会，而是来自他自身的继承权。

这即是在1689年完成的工作中具有革命性和超法律性的主要成分。在空位期间召集和选举出来的议会，其合法性不可避免会存在缺陷，英国宪政在没有国王的情况下是不能够合法运作的。

但是，“革命解决方法”依然是法治首次被确立的最重要的事实。
它是普通法和律师对国王的胜利，他曾经试图将特权置于法律之
上。自此以后，法律只能经两院共同通过、并得到国王同意的法令
所修改。法律的解释权只属于法官，革命使他们摆脱了任何政府
的干涉，依据的新原则就是法官不可被随意撤职。除了王朝更迭
以外，在 1689 年只提出了两项具有重要性的新原则。一项是国王 134
不能开除法官；另一项是非国教徒中的新教徒被允许保持自己的
宗教仪式。几乎所有其他的，至少从名义上，都只是为了恢复以前
的状态，为了修复因为詹姆斯的违法行为而造成的宪政结构上的
裂痕。但事实上，国王与议会之间斗争的胜败从此永远地决定了。

“革命解决方法”所具有的自由－保守特征，其根源必须从1689 年 1 月选举产生的议会下院身上来寻找。这届下院是怎样产生的，又是在怎样的氛围中产生的？如果有的话，选民们给了他们选举的议员什么样的指示？

议会大会的选举是在一种非正常的条件下举行的。没有国王，也没有常规的政府。国家面临着巨大的危险——内部的骚乱和外国的入侵，在人们心头整个民族所面临的危机远大于平时辉格党和托利党的胡扯八道。在这一时刻，民族精神表现为了一种急切的、清醒的爱国主义，而且，辉格党人和托利党人在过去一段时间里一直就像一个党那样共同反对詹姆斯，到现在仍未有时间各奔东西，重新开始他们过去的争吵。

新年这段时间的社会状态也影响了大选。首先，没有了国王， 135
所以在选举中也就没有了为支持某些候选人而施加的王室影响，
甚至是在新科港这样通常属于“政府选邑”的地方。在普通选区，

平时那些靠出卖自己的选票和影响来换取官职、退休金或王室恩惠的选举人和选邑的控制者，此时都自行其是，因为没有人知道谁将是国王，更别说谁将是他的大臣。以前从来没有过一次大选像1689年的大选这样不受政府的影响。

其次，这次大选较以往更少党派间的仇恨和敌意。当选议员既有辉格党人也有托利党人，双方并没有激烈的冲突；就我们现在掌握的证据来看，候选人之间发生的最激烈的冲突主要是由于地方上一些家族和个人之间的竞争。在接下来的二十年里，每届议会里都有一些既不属于辉格党也不属于托利党的议员，而在这次大会里这些非党派议员特别庞大，他们被选出来应付全国性的、超越党派利益的紧急情况。

而且，那些明确属于辉格党或托利党的议员在选举中并没有
136 向选民承诺任何计划，例如在1681年大选中许多当选议员就被要求承诺要在议会里支持排斥法案。在1689年，候选人和选举人之间没有这样的指令和承诺。当选议员都是坚定的新教徒，他们被送到伦敦去是为了拯救这个国家的宗教和宪政。面对前所未有的危局，他们可以审时度势，采取在他们看来最好的方法。选举人审慎地将挽救国家的任务交给了一个不受束缚、能充分发挥聪明才智的议会。这就是为什么这个大会更多的是被常识而非党派偏见所引导，例如，在解决王位问题上它主要依据的是辉格党的意见，而教会问题主要依据的是托利党的意见。事实证明，这是给这片土地带来和平的最好和最安全的方法。

这次选举真正最令人瞩目的特点是人们都在当时最紧迫的问题上保持了沉默。每个人都知道，这次大会的第一项任务就是决

定谁将是国王或者女王。每个人也都知道在这个问题上存在着严
重的分歧，而且很快就要显露出来。伦敦的出版界，因为在空位期
间没有了审查制度的束缚，就这个问题出版了大量的小册子，各种
观点的都有。但是全国各地的候选人和选举人似乎都感到王位问
题是一个太深奥也太危险的事情，而不适合在竞选场所提出这个
问题。没有人被要求做出这方面的承诺，就我们所知，也没有人就 137
这个非常重要的问题发表竞选演说或做出什么保证。议员们前去
处理国事，他们可以在那里自由地对问题进行研究分析和提出解
决方法。让威廉和玛丽联合继承王位这个决定不是在投票站做出
来的，是在议会大会上提出来并决定的，做出决定的这些人并没有
对选民们做出这样的承诺，他们只保证会尽他们最大的努力来拯
救国家和重建宪政。[1]

在议会大会里相聚的那些议员彼此之间都很友善。他们曾共
同反对詹姆斯，直到他逃亡国外。从那时起两党又联合起来要求
威廉承担起政府管理的责任。在大选中两党之间并未出现激烈的
竞争。但当上下院开始研究这个他们所要开会解决的问题时，两
党之间的分歧自然就重新出现了。然而令人惊奇之处不是在于这
些分歧，而是双方能如此之快地就这些分歧达成一致，如此充满了 138
善意而且乐意做出妥协。

1689 年议会大会的基调与当年曾通过《克拉伦登法典》迫害

---

① 关于这次议会大会的选举，参见 J. H. 普拉姆(J. H. Plumb)1937 年在《剑桥历史学刊》上发表的文章。

清教徒的骑士议会，还有当年沙夫茨伯里野蛮领导下的辉格党议会非常不同。在它存在的头六个月里，议会大会表现出了更多的爱国主义精神而非党派精神。在民族危机的压力和两院中非党派议员的敦促下，辉格党和托利党双方都做出了让步。正是在这六个月里“革命解决方法”永久性地定了型，它不是一个党派对另一个党派的胜利，而是辉格党与托利党、国教与非国教之间协商后妥协的结果。

大会的第一项议程就是决定谁应该登上王位，在这个问题上形成了新的辉格党和托利党。两党在王朝问题上的分歧更多的是来源于理论而不是实践。双方都渴望威廉能作为政府首脑留在英格兰。问题是他依据什么权利和以什么头衔来进行统治。

139 在查理二世统治时期，托利党的政治家们和国教教士们曾多次发誓他们将忠于神圣的王位世袭理论和臣民的不抵抗主义理论。此后，尽管有这些理论，他们还是被迫反抗了詹姆斯，他们毕竟只是凡人。正因如此，他们不是所有人都可以立刻抛弃那一整套他们自己提出来的思想理论。他们不能像布瑞牧师那样，可以马上就将“消极的服从”当成一个笑话，拿“非抵抗主义”开玩笑。他们在实际上收获革命果实的同时，还要从理论上将革命解释得过去。他们渴望王位问题的解决方法不要和他们最近还在宣扬的信条发生太明显的矛盾，他们中的许多人至今仍然热爱和尊崇这些信条。他们首先断言詹姆斯从来没有被赶走，是他自愿放弃了他的职权。他们拿起武器反抗他，仅仅是为了让他恢复理智，然而他不仅不听从忠告，反而越海逃到了敌国。“退位”这个词将会使

他的臣民免除废黜君主的罪过。是詹姆斯“放弃”了统治。这样，托利党人相信再运用一点小技巧就可以不破坏神圣的王位既定继承顺序了。

1689 年 1 月大会召开时托利党人真正担心焦虑的事情，即是 140
如此。

相反，辉格党人认为，继承顺序的小小变化完全是件好事情，因为它会破坏斯图亚特王朝神圣的王位世袭权利理论。它将会使国王的王冠成为一顶议会授予的王冠，就如同在金雀花王朝和都铎王朝时期，议会在几次处理王位继承问题时，并不总是将王冠授予血缘最近的亲属。辉格党人相信，如果这次王冠也能作为议会的礼物授予国王，就能够建立起他们关于国王与人民之间是一种契约关系的理论，如果国王破坏了契约，人民就有权没收其王冠。辉格党人认为，只有这样才能始终保证君主的权力受到限制。1689 年的托利党人，毫无疑问和 1640 年以及 1660 年的骑士党人一样，也希望国王的权力在实际应用中受到限制。但是这样的一个宪政实践和一种只适合于专制统治的理论相符吗？因为，在他一半臣民的眼中，如果国王仍然是根据世袭的权利占据着一个半神授的职位，当他坚持要运用他这种神圣权利时，一个仅仅俗世的
议会怎么能去限制他神授的权利呢？一个具有神性的君主制必然 141
要压倒一个仅仅是凡人组成的议会。既然在人们的眼里，君主制和议会不可能都是神圣的，辉格党人说，那就让他们都是凡人的，而且现在正是一个将他们变成这样的大好良机。

虽然两党在其他方面比较友善，但是在这个如此重大的原则问题上，两党在 1689 年 2 月陷入了争论和分歧。辉格党人在好几

个方面有着决定性的优势。他们在驱逐国王问题上士气高昂，他们意见统一，准备将他们的原则付诸实现。他们希望宣布王位空缺，然后通过议会法令由威廉和玛丽联合登基。相反，托利党人意见分歧、心神不安，他们很希望能从现在反叛者的位置上退下来，只要他们造反所得到的果实还在他们的手中。

国王的逃亡，以及将作为继承人的婴儿送到法国宫廷，将被培养成一个天主教徒的事实，使所有托利党的危机解决方案都变得行不通了。托利党人的提议分为了三种，每一种都试图挽救已经垂死的君权神授原则。这些提议是：

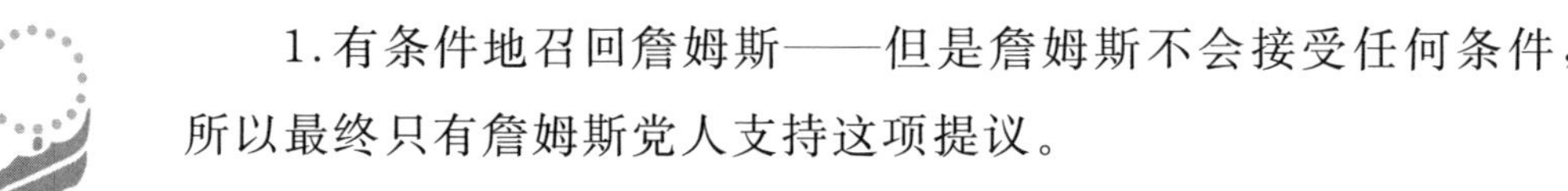

1.有条件地召回詹姆斯——但是詹姆斯不会接受任何条件，所以最终只有詹姆斯党人支持这项提议。

142 2.让威廉做摄政，名义上以詹姆斯的名义，但实际上反对詹姆斯。

3.根据玛丽的继承权宣布她为女王，她的丈夫做亲王配王或者国王配王。

让威廉以詹姆斯的名义摄政，在查理二世统治时期就排斥法案争论之时，曾作为一种可能的妥协方案提出。但是必须注意的是，在那时詹姆斯除了他的新教徒女儿玛丽和安妮，没有其他的孩子。然而在1689年，詹姆斯的继承人是一个刚生下来的儿子，控制在法国的耶稣会士和法国国王的手里。因此，除非托利党人准备将他们的整个论据建立在这个新生儿是个所谓的假王子的说法之上，如果他们准备用摄政方案，他们就不得不承认老觊觎王位者和小觊觎王位者有继承英格兰王位的权利。在整个18世纪，一代接一代的英格兰摄政者将不得不对法国支持下的、公认的英格兰国王发动战争。事实上，如果英格兰不想让詹姆斯党人复辟，她就不得不变成一个共和国。桑克罗夫特大主教和其他的高教会派主教为了拯救他的良心而提出来的摄政方案，在那时遭到了像丹比这样的托利党政治家的反对也就毫不奇怪了；这个方案甚至在上院就被投票否决了，虽然在上院托利党人有着明显的优势。

为了经由议会法案让威廉和玛丽登上王位，就必须宣布王位 143
处于空位状态。但是，托利党贵族们在丹比的领导下，只要没有到危及公共安全的地步，就坚决反对宣布王位处于空位期。他们认识到，一旦承认了王位随时可以处于空位期，神圣的王位世袭原则就被彻底摧毁了。如果君权来自于神授，它就必须总是被授予某些人，而不需要议会或者议会大会的帮助。当一个人不再是国王时，另一个人就会根据神圣的权利接替他。自然拒绝真空，神圣的权利拒绝空位。“国王去世了，国王万岁！”(Le roi est mort, vive le roi)因此，丹比的观点是詹姆斯因为他的逃亡“放弃了”他的统治，因此他的女儿玛丽在那一刻根据她的继承权继承了王位。因此，丹比说，没有什么王位空位期。这种观点故意忽略了玛丽的小兄弟詹姆斯。既然这个婴儿在法国，他就不可能被培养成一名新教徒。就让他无声无息地消失吧，但愿他是个假货，因为除了天主
教徒没有人见证他的出生。这就是丹比试图挽救神圣的王位世袭 144
权利的办法，甚至在革命中他担任武装起义的领袖时他就已经有这个计划了。丹比认识到摄政计划是不可能的，他提出只有玛丽根据神圣的继承权可以做唯一的继位者。但是丹比的计划也挽救不了神圣的世袭王权，除非官方正式承认“长柄暖床锅”的故事。

辉格党人击败了丹比，因为在这个问题上他们在下院得到了多数，非党派议员认识到托利党的提议是行不通的。经过几天的抵抗后，上院选择了服从下院的意志，而不是任由国家在没有国王的情况下陷入无政府状态。事实上，丹比也发现了自己的计划是不可行的，因为不管是威廉还是玛丽都不同意根据他的计划分配给他们的角色。除非她的丈夫成为国王，玛丽拒绝单独做女王。对于威廉来说，他也不会同意接受在他妻子之下的亲王或国王配王的地位。他坦言自己不会做妻子的绅士司礼官。而且，大部分英格兰人感到只有靠一个强有力的政府才能将乱糟糟的不列颠岛从詹姆斯和路易的手中拯救出来，而只有威廉以他的才能、经验和
145 在欧洲的地位，才能在国内外事务中担当起这样的责任。事实上，托利党人和辉格党人一样，也认识到了这一点。但是为了挽救他们的理论，他们希望玛丽做唯一的君主，威廉以他妻子的名义管理国家。威廉认为在这样一个意义含糊的位置上，他没有足够的权威来应对危机，事实上，他也是充分利用了国王的权威才刚刚能渡过危机。因此，这时国家的实际需要决定了辉格党的计划不管在理论上有什么优缺点都要被接受。

不过，对托利党的观点还是做了一个重要的让步。詹姆斯被宣布他是因为自愿逃亡而“放弃”了统治。没有宣布他被“废黜”，或者像在苏格兰爱丁堡大会上宣布的那样，被“剥夺”了王位，苏格兰人采取了更加彻底的辉格党态度。

根据这些条件，上下两院的托利党人放弃了抵抗，同意了辉格党的提议，宣布王位空位。“空位”这个词在理论上摧毁了神圣的世袭王权，在实际中使威廉可以依据和他妻子一样的条件被加冕

为王。他们成为了联合君主,并肩统治。他们的头像同时出现在了硬币上。大家一致同意将管理政府的权力终生授予威廉。因为托利党人一直都渴望他的统治,即使在理论上他们不赞成他做国王。

下院起草的文告,上院最终也同意了,行文如下:

> 詹姆斯二世国王,企图颠覆王国宪制,破坏国王与人民之 146
> 间的原始契约(一句辉格党的语言),在耶稣会士和其他一些邪恶之人的建议下违反王国的重要法律,并自愿离开王国,放弃了统治职能(对托利党人的一个让步),王位因此处于了空位状态(辉格党的结束语)。

辉格党人和托利党人对这个文告的接受,他们根据议会法案对威廉和玛丽做联合君主的认可,使这个国家免于了无政府状态和内战,也挫败了法国的路易的计划,因为一个联合起来的英格兰又出现在了欧洲的地图上。

两党和上下两院都一致同意了下述结论:

> 经验证明,由一个信奉天主教的君主统治这个新教王国是不适合的。

这一原则被制定为一项法律,至今有效。没有一个天主教徒 147
或者与天主教徒结婚的人能够戴上王冠。

和詹姆斯党人不同,托利党人忠诚地效忠于威廉。对于丹比,议会大会上的争论只是一个政治问题，而不是宗教问题，他毫无保留地接受了威廉为国王，成为了他忠诚的臣民和仆人。他看不起那些满腹疑虑的拒绝宣誓效忠者（Non-jurors），他们拒绝向新君主宣誓效忠。但是其他的托利党领导人，如诺丁汉，在宗教上非常虔诚。他和其他的一些国教徒，从小就认为神圣的世袭权利是宗教的一部分。因此他接受威廉为“事实上”（de facto）和法律上的国王，而非“根据权利”（de jure）的国王——一项亨利二世时的古老法律承认和鼓励做出这样的区别。起草的新的效忠誓言注意到了这些“事实派”托利党人的疑虑，1689 年设计的效忠誓言没有要求称威廉为“合法享有权利”的国王，而只接受他为事实上的国王。在这些条件下，威廉提名诺丁汉出任他的一名主要大臣，他强调说诺丁汉是“一名诚实的人”。他的确是这样的人。他从来没有与圣日耳曼的流亡宫廷进行过密谋，但他对效忠于威廉，他事实上的国
148 王始终感到良心不安，不像他那些更随和的辉格党和托利党同事，已经将威廉视为他们“根据权利”的国王。

但是对 1688—1689 年冬天发生的事情，理论上的异议始终断断续续地困扰着托利党人的心灵。他们的良心，特别是那些教士的良心，始终因为他们那些已经成为詹姆斯党人和拒绝效忠者的老朋友的嘲弄和辱骂而不安。“拒绝效忠者”是 400 个领圣俸的教士，包括曾被詹姆斯起诉的七主教中的五个人，他们现在拒绝向威廉和玛丽宣誓效忠，因此被剥夺了圣俸和主教辖区。

“从政治上讲，”吉斯·菲林说，“‘拒绝效忠者’的影响是不利的，不断地将他们的老党拉回到已经失败的事业上。”

托利党人，特别是教士们良心上的不安，还有托利党人对流亡

中的詹姆斯以及他的儿子和孙子态度上的同情和摇摆不定，在历史上具有重要意义。它决定了直到乔治二世时期两党的命运。它源于1688—1689年冬天的事件。革命使托利党从此成为了一个
议会党和宪政党，但也使它在接下来的两代人的时间里，成为了一 149
个逻辑混乱、心灵不安的政党，经常在遇到危机时就分裂成了相互对立的阵营。这种情况削弱了托利党的力量，名义上它在这个国家是最强大的党，事实上包括了绝大多数的乡绅和几乎所有教区的教士。在1714年安妮女王去世时发生的危机中，王朝问题削弱和分裂了托利党人，使他们的对手在乔治一世和二世时期执掌权力四十年。在威廉和安妮统治时期，权力在托利党和辉格党之间是平等分配的。

威廉和玛丽并不是无条件地登上王位的。议会大会将他们举上王位的工具就是著名的《权利宣言》（Decloration of Right）。它对詹姆斯所做的各种各样的违法行为做了一个长长的陈述，特别是他声称根据特权可以搁置法律的做法；它宣布所有这些行为都是违法的，它要求新君主接受这些对王权的限制，作为他们登基的条件。

1689年2月13日，哈利法克斯作为议会两院的发言人，与奥
伦治亲王和王妃在白厅进行了庄严的会谈，地点在宴会大厅，查理 150
一世就是从这个大厅的一扇窗户走出去，登上了断头台。在这个宏伟的大厅里，威廉和玛丽从议会两院手中同时接受了王冠和《权利宣言》。在这个欢乐的仪式上，没有任何“武装团队”或“强制力量”。国王和人民自由地达成了一个彼此都同意的契约，从此以后

它防止了斯图亚特王朝悲剧的重演。像钟摆一样在反叛者和保王分子之间交替进行的暴力活动逐渐减缓了下来，直至变成议会中对立党派间文明的斗争。王权在权力方面失去的却使它在安全方面得到了弥补。共和运动被埋葬了，再也没有能够以任何有威胁的形式复活，不管是在法国革命之时，还是在即将到来的 19 世纪和 20 世纪的社会民主面前。英格兰已经得到了一个宪政的略图，她可以用它走完她遥远的命运旅程。

《权利宣言》至少在形式上是彻头彻尾保守的。它没有引进任何新的法律原则，甚至缺乏对非国教徒的容忍或法官的永久任期，虽然在这两项改革的紧迫性上双方都有完全一致的看法。大会明
151 智地决定现有法律的改变需要讨论，但是王位问题解决以前没有时间，因为公共安全面临着巨大的风险。因此起草的《权利宣言》仅仅是对那些已经存在的、詹姆斯所侵犯的议会和臣民的权利加以陈述，这些权利威廉必须承诺予以尊重。所有进一步的变革，不管多么紧迫，都必须等到议会有时间讨论和通过它们的时候，等到有一个国王同意新通过的法律，从而使其具有法律效力。

即位后威廉和玛丽同意的第一个法案就是将现在的议会大会转变成一个真正的议会，因为既然已经有了一个国王，就能够有一个议会了。接下来《权利宣言》被重新制定成了一项议会法令（即《权利法案》）。

议会大会已经完成了它能够完成的任务：填补王位和将自身转变成一个合法的议会。接下来的任务就是立法。仅次于王朝问题的就是宗教问题。在国教与非国教、国教徒与清教徒的关系被

调整到双方都可以接受之前,“革命解决方法”就是不完整的,未来国家仍然容易受到暴力活动的侵扰。1689 年 5 月的《宽容法案》 152
给予了非国教徒中的新教徒公开举行宗教仪式的自由,通过永久性的妥协解决了这个问题,通过取消直接的宗教迫害缓和了国教与非国教之间长久的斗争。

复辟以后,除了间或的中断外,非国教徒中的新教徒所遭受的迫害是很严重的。根据《克拉伦登法典》中的迫害性条款,他们的牧师,比如班扬,被关进监狱多年。他们秘密举行的宗教仪式,经常被发现和驱散,会众被抓入监狱。他们的学校被封闭,他们的教师被禁止教书。非国教徒往往被课以毁灭性的罚金。他们最轻的抱怨就是他们被排除在了大学和公共职务之外,以及自治市镇的管理机构,在这些市镇里他们往往是声望很高的市民。这个宗教迫害和剥夺公民权利的法典曾经在 1687 年被詹姆斯违法的《容忍宣言》摧毁殆尽。一些清教徒也因此而支持他,但是更多人对于背叛王国的宪政犹豫不决,最终在托利党领导人和高教会派主教的许诺下被争取到了民族事业一边,他们许诺只要一个自由的议会被选举出来,他们就支持通过一项法案解除清教徒所遭受的迫害。

根据这项谅解,大部分非国教徒在 1688 年参加了反对詹姆斯 153
的革命,现在是托利党和国教会履行承诺的时候了。诺丁汉勋爵,作为公认的议会中国教的代表,亲自将 1689 年 5 月的《宽容法案》放在了上院的桌子上。法案大部分出自他的手笔,也得到了大家的一致认可。对非国教徒中的新教徒采取宽容的原则一直以来都是辉格党倡议的,而托利党反对的。现在由于詹姆斯二世统治时期的反常事件,一位托利党领袖提出了这个法案,两党毫无异议地

一致接受了它。

非国教徒中的新教徒遭受的宗教迫害结束了，但这并不包括被剥夺的公民权利。国教在大学、政府部门和自治市镇机构的垄断地位仍然和以前一样。祈祷书没有做出任何修改以接纳哪怕更正统的非国教徒投入国教会的怀抱。简而言之，1689 年宗教方面的解决方法是一种更倾向于国教和托利党的妥协，反之，王朝问题的解决更倾向于辉格党。

154 正是这种谨慎的妥协，实践高于理论的因素，以及承认和尊重教会和国家中现有党派力量的做法，使得“革命解决方法”免于了反复，也使得英格兰在未来的岁月里免于了内战。在苏格兰，“革命解决方法”依托辉格党和长老会派对托利党和圣公会的完全胜利，结果托利党人变成了詹姆斯党人，在接下来的六十年里内战成了苏格兰的地方病。在爱尔兰，辉格党人和托利党人联合起来镇压当地的土著居民，比以前更加残酷。

历史证明，《宽容法案》是议会通过的最持久、最成功的法案之一。就英格兰来说，它结束了长期的宗教迫害和宗教战争。这不是一个小成就，如果我们想一想同一个时代在法国、爱尔兰正在发生着什么，以及后来发生了什么。

《宽容法案》的成功某种程度上恰是由于它的局限性。它是以极高的实践技巧和审慎起草的，以便争取所有党派的同意，去帮助那些胆小的，去安抚那些有偏见的。它的局限性、矛盾性以及缺乏理论原则，使得它在那个已经过去的时代成为可以被接受的，这使得现代的学者感到有趣和困扰，如果他以我们现在的标准来评判这些条款。

《宽容法案》没有宣布什么总的原则。事实上，虽然后人都称 155
此法案为《宽容法案》，但在其中却找不到“宽容”这个词，当时议员们辩论时称之为《豁免法案》。它的全称是《为了免除国王陛下那些与英格兰教会意见不一致的新教徒臣民所受的一些惩罚法律的法令》。序言中陈述了它有限的和完全实用性的目的：

“鉴于在宗教活动中对一些不安心灵的安抚有助于在利益上和感情上将陛下的新教徒臣民团结起来……”

《克拉伦登法典》的迫害性法律并没有被取消，但是一部分非国教徒有条件地被豁免了那些最具压迫性的法律。所有愿意宣誓效忠国王和发誓反对圣餐变体论的人不再强求去教会，可以参加非国教徒自己举行的公开宗教集会。

对于平教徒就是这些：对于非国教的教士，他们只要愿意签字同意祈祷书中 39 条信纲中的 34 条，以及其他两项信纲中的一部
分，他们就可以免受法律的处罚。这听起来仍有迫害性，但事实上 156
这些要求他们签署的信纲是那些大部分非国教团体都同意的部分。对浸信会派和贵格派教徒也制定了特别的条款进行救济。在《宽容法案》中只有两种宗教团体没有得到救济：罗马天主教徒，他们无疑对新政权是敌视的；和一神论者，他们被看作是为社会所不容的异教徒。

对于现代人来说这一切看起来既愚蠢又狭隘。但是一个更加开明和全面的法案或者难以通过，或者即使通过也很快就会被取消。说服托利党人接受对非国教徒中新教徒的全面宽容不是一件易事。而在有了和詹姆斯打交道的经历后，劝说托利党人或者辉格党人马上给予天主教徒以合法的宽容则是一件根本不可能的事情。不管是教会还是大部分国民都还不会将宗教宽容当作一个可以普遍应用的原则。但是事实上，通过这种循序渐进的方法，英格兰在宽容方面走在了除荷兰以外所有欧洲国家的前面。

157 约翰·洛克，那个时代最伟大的政治哲学家，写了《关于宽容的信》(又称为《论宗教宽容》)一书。它的英文版第一次出版是在《宽容法案》通过后的几个月。这封著名的信以令人信服的方式向大众清晰地阐述了这样一个观点：普遍的宗教宽容，对于每一个基督教国家来说是一种必须的义务，对于每一个遵纪守法的公民来说是一种不能被拒绝的个人权利。威廉·宾和贵格派教徒持有相同的观点，但其他教派的人赞成的很少。不管是国教徒还是清教徒，当他们掌权时都没有宽容其他人。作为一种常规，只有怀疑论者衷心地支持宽容，不过“不完全怀疑论者”即“宗教自由主义者”的数量，在那个年代还是在不断增加。

对于接下来的那一代人，洛克对他们的思想有着决定性的影响，他们经由经验发现宗教宽容能够给这个国家以和平。在这个宗教自由逐渐发展的时代里，对洛克哲学的普遍接受既防止了《宽容法案》被取消，又逐步扩大了它的应用范围。不过应该注意的是，虽然在1689年洛克走在了时代的前面，但即使是他，在信中也声明无神论者不能被宽容，因为他们否认了一个社会所赖以存在
158 的道德原则。天主教徒，虽然在实际生活中可以被容忍，但他们没有绝对的权利要求被宽容，因为他们所持有的信条就是不信任异端，他们还承认另一个统治者的最高权力。

在1689年《宽容法案》之所以被接受并不是根据什么普遍的或者理论上的原则，而是根据某些现实的考虑采取的一项必要的

政治妥协。这一代人在宗教信条上遇到矛盾问题时已经不再像1642年那一代人那样独断、固执，动辄拔剑出鞘，必要的政治妥协对于他们已经有了非常重要的意义。自从复辟时期以来，许多政治家和政评作家就一直叹惜因为对清教徒工商业者迫害所造成的贸易损失，特别是在伦敦。教会人士也不得不履行当初为了胜过詹姆斯不合法的《容忍宣言》而对非国教徒做出的承诺。既然革命已经发生了，当务之急就是所有的新教徒臣民来保卫新政权，以对抗国内外数不清的敌人。因此就由诺丁汉起草了给予非国教徒中的新教徒以救济的《宽容法案》。法案以一种变通的形式体现了辉 159
格党的原则，由托利党政治家提出来，被两党共同接受。因此，托利党从未曾试图取消它。但是高教会派和狂热的托利党人从未喜欢过它。他们一直努力通过一些措施，如安妮统治时期的《偶尔一致法案》(Occasional Conformity Bill)，限制它的应用，或者通过短命的《1714年教派法案》，从侧面攻击它。

不过事实证明他们对《宽容法案》的厌恶只不过是一种后卫行动。当宗教迫害被取消后，旧的宗教争执，虽然仍然是政党政治中的驱动力，但其作用已经大不如前。由“光荣革命”带来的新时代精神，18世纪的宗教自由主义，以洛克和牛顿为代表的哲学家，肯定和扩大了宗教自由，这是在1689年一次奇怪的政治危机中得到的意外收获。事实上，在新时代的实践中，已经将宗教宽容的原则扩展到了天主教徒和一神论者，虽然他们被刻意排除在《宽容法案》以外。

英格兰的天主教徒群体在詹姆斯二世倒台后是非常软弱和不受欢迎的，迫害他们不会有什么危险。但威廉不喜欢迫害，而且他

希望和皇帝以及西班牙国王结成联盟，也希望在反对法国的斗争
160 中取得教皇的支持。因此他使自己成为了英格兰天主教徒的保护人。他没有违反法律将他们接纳入政府部门，但他不鼓励告密者和迫害行为，所以事实上在私人住宅里越来越可以自由地举行弥撒。在正常的年份里，议会没有要求强制执行禁止举行天主教仪式的法律。有时，当一起詹姆斯党人的阴谋被发现，或者面临着一次法国的入侵时，就会采取法律行动搜捕和监禁天主教神父，骚扰他们的聚会，就像在1715年叛乱后北部各郡那样，但是在威廉、安妮、几个乔治王统治时期，正常情况下天主教徒的生活环境还是很稳定的。现在保存有1710年由罗马枢机主教保鲁西在不列颠群岛的一个代理人写给他的一份长长的报告。这份报告以非常肯定的态度声称，在英格兰的天主教徒“享有他们自己宗教崇拜的完全自由”，任何人只要愿意，都可以在城镇或乡村里保有一个神父，除了那些禁止他们担任公职和要求他们付双倍税收的法律外，没有其他反对天主教徒的法律。另一方面，这位代理人还详细报告了
161 在爱尔兰，天主教徒如何被残酷地迫害，他们不管在法律上还是在实际生活中都被禁止举行天主教仪式。这份报告值得研究，对天主教徒在当时不列颠的两个岛上受到的不同对待，它给出了当时天主教徒的看法。①

直到19世纪初通过天主教解放法案以前，英格兰的天主教徒都被排斥在所有的政府公职之外，地方的或者中央的，也不允许进

① 这份报告在公共档案，抄本，罗马，101。

入议会两院。由于他们肯定是詹姆斯党人，也就不可避免地被怀疑；他们可以自由地举行他们的宗教仪式，但只能在私下里举行。他们不能举行宗教游行，也不能做宣传。在18世纪他们在某些方面所处的环境比那些非国教徒中的新教徒更不利，对于诞生于革命中的政府来说，这些新教徒是所有支持者中最坚定的支持者。在爱尔兰移民进入英格兰以前，英格兰的天主教徒是一个贵族性的群体，他们由天主教名门望族和他们的依附者聚居而成。“旧教”在18世纪仍然是一个上层人的宗教信仰，只是不合时宜并与其他人隔离开来了。

威廉的政策中，一部分就是要平等地对待所有的新教徒。他 162
希望能够废除那些将新教非国教徒排斥在公职之外的法律，虽然他仍然支持对天主教徒采用这些法律。一句话，他希望取消《宣誓条例》和《市镇法》对新教徒的限制。他甚至提出，如果托利党同意非国教徒担任公职，作为回报，拒绝宣誓效忠者和属于詹姆斯党人的主教不必宣誓效忠于他就可以保持他们的教区，这是一项慷慨甚于审慎的提议。但是托利党人不愿意为了这些拒绝效忠者和詹姆斯党人而牺牲他们的“约柜”。托利党人相信，如果允许非国教徒担任公职，给予他们政治上的平等，国教会就不会安全了。议会中的辉格党人对此事也不着急。他们作为国教徒，可以在非国教徒选票的帮助下享受着担任政府官员的快乐。

威廉的另一个愿望就是修改祈祷书以将那些更正统的非国教徒接纳入教会。在这点上他得到了诺丁汉的支持，他是教会在议会中的领袖。但主教会议对此表示了强烈的反对。而且，非国教

163 徒整体上对这个提议态度暧昧。因为不管怎样，都只会有一部分非国教徒——可能是长老会派，将能够进入教会，而那些仍然留在外面的人，如浸信会教徒、贵格派教徒和独立派的教徒，将因此更加孤立，更容易受到虐待。正因如此，洛克在《关于宽容的信》的前言中声明，《理解法案》(Acts of Comprehension)将会增加我们的邪恶。这个试图扩大国教会边界的“理解”计划，因为缺乏支持而失败了。

这样，在革命解决方法下，清教徒不仅仍处于教会之外，而且至少在理论上被排斥在政府公职之外。但是，因为新教非国教徒一直都享有议会选举权，而且现在又给予了宗教宽容，他们因此构成了辉格党方面一支有效的选举力量，能够对辉格党的政治方针发挥影响，从而也能够间接地对国家事务产生影响。

这即是 1689 年在宗教方面的妥协。它对于恢复国内和平有着巨大的功绩，这一功绩远远胜过了它逻辑上的缺陷和它与现代宗教平等理论上的不一致。感谢荷兰和英格兰，宗教宽容开始在
164 欧洲的实践和思想中有了一席之地。但是欧洲国家的法律中，人们的思想里，并不存在宗教平等观念。詹姆斯统治时期发生的事件使得宗教平等对英格兰的天主教徒久久不能实现，留存在人们记忆中的克伦威尔革命使得宗教平等对于清教徒也难以实现。人们害怕为之而奋斗带来的将会是新的灾难。所以经过詹姆斯的统治和接下来的革命，国教的法定地位和垄断地位不仅没有被推翻，反而被有效地加强了。与此同时，这些事件也使非国教徒得到了宗教宽容，并且激发了教会内部的宗教自由主义，特别是对上院的主教们产生了很大影响。这次革命，其宗教方面和政治方面一样，

既是保守的又是自由的。

在 1688 年，争论的一个主要问题就是：法律在国王之上，还是国王在法律之上？议会的利益和法律的利益是一致的，因为，毫无疑问，议会可以修改法律。由此可知，如果法律高于国王的意志，法律又可以由议会修改，那么议会就将成为这个国家的最高权力。

詹姆斯二世试图使国王拥有修改所有法律的权力。这种做法 165
一旦被允许，就必定使国王凌驾于议会之上，成为事实上的专制君主。1688—1689 年冬天发生的事件使相反的观点取得了胜利，这种观点大法官柯克和谢尔登在本世纪初就阐明了，国王是法律的第一公仆，而不是它的主人；是法律的执行者，而不是它的源泉；法律只能够被议会——国王、上院、下院三者一起——所修改。正是这一点使得这次革命成为了英国宪政史上的决定性事件。之后再未反复，不像克伦威尔革命的大部分成果已经烟消云散。

的确，第一次内战某种程度上也是为了相同的问题而战：为争取宪政中的最高地位，普通法与议会一起，在纳斯比战场上战胜了国王。但是在那时，法律和议会之所以能够赢得胜利，是因为清教主义——那一时期最强烈的宗教热情——为议会军提供了战斗动力。清教主义越出了法律的边界，和军国主义一起，将法律、议会和国王一起推翻了。因此必然导致了 1660 年国王、法律和议会的 166
同时复辟，但三者之间的相互关系却没有做出任何清楚的定义。

现在，在 1688 年的第二次危机中，站在法律和议会一边的不仅有已经极大衰落了的清教徒的激情，还有正处于巅峰的国教的全部力量，以及正处于上升状态的宗教自由主义和怀疑主义，所有这些都站在一起反对虚弱的天主教集团，而詹姆斯却将其政治命运与之绑在一起。17 世纪斗争中的最终胜利者不是皮姆或者克伦威尔，和他们的清教徒理想，而是柯克和谢尔登的法律至上的世俗主义思想。在 1689 年，清教徒只能满足于勉强的宽容。但是法律胜利了，因此制定法律的议会也最终战胜了国王。

但是，如果解释法律的法官仍然依附于国王，法律的至上地位就不能永久保住。詹姆斯将那些不肯按照他的意志解释法律的法官都解了职。光荣革命则确保了法官的独立地位。

作为负责行政事务的国王，威廉采取的首批行政措施之一，就是使法官不能被随意解职。他这样做完全出于自愿，并没有等待
167 议会通过相关法令。他给予所有法官这样的职权：*quam diu se bene gesserint*——只要他们表现良好，就不再 *durante beneplacito*——依赖国王的意志。在革命之前，有时候一些法官只要表现良好，也可以保有比较稳固的任期，但大部分要依赖国王的意志，因为政治原因而被解职的不在少数。在威廉和安妮统治时期，国王不再能够开除法官。因此，可以说司法独立这一成果实际上是在光荣革命中取得的。但是法官的这种独立地位和无法被开除只是在 1701 年《解决法案》(the Act of Settlement)通过后才有了法律基础，该法案在 1714 年乔治一世即位后才付诸实施。《解决法案》对此陈述如下：

> 法官在任内只要表现良好，他们的薪水就是确定的和有保证的；但是根据议会两院的报告，开除其职务则是合法的。

这只是赋予“光荣革命”后威廉和安妮统治时期的司法实践以正式的法律效力，但是《解决法案》增加了议会可以解除法官职务的权力，预防法官利用其不能被免职的特点滥用职权。直至今日，168
英国的法官仍然据此规定保有其职位。

司法能超出和凌驾于政治之上，很大程度上在于法官不能被免职。由于不再惧怕政府对法官和陪审团进行干涉，法律就可以根据自身标准成为所有问题的仲裁者。作为通向真正正义和文明的一步，其重要性无可估量。在许多外国，它或者仍未被采用，或者已经被废止，在那里，“司法”只不过是政治的一部分和专制主义的资产。

但是在英格兰，都铎王朝时法官是“王座下的狮子”的旧思想，在“光荣革命”中已经不再有效。从此以后，他们是国王和其臣民之间的独立仲裁者，依据法律和证据做出判断。他们不再是国王政策的工具，并不意味着就成为了辉格党或托利党的代理人。像其他人一样，法官毫无疑问在政党问题上也会受到自己观点的影响。但他们并不依靠于辉格党或托利党政府，因为他们不会被免职。在威廉和安妮时期，利用其司法权力，托利党法官阻挠辉格党政府和辉格党法官阻挠托利党政府的事情时有发生。

既然司法权力自此以后是公正的了，不再仅仅是国王的工具，169
因此在 1695 年对关于叛国罪的法律进行了大大有利于被告的修改。被告可以得到一份起诉书的副本，可以请律师辩护，可以为了辩护要求证人出庭。如果起诉的是公开的叛国罪行必须有两名证人。从此以后，在英国历史上，司法谋杀第一次不能再成为政治活动和政府的常用工具。

政治正义领域内的进步是向着人类进步和科学正义方向前进的大潮流的一部分，这股大潮不断上涨，在 19 世纪达到了高潮。关于证据的真实价值，以及某些类型证据的价值性——比如像奥茨那样的职业密探的证据，在 18 世纪，人们开始有了新的思考和认识。法庭在能力和公正方面的提高并不仅限于对政治人物的审判上。在各种类型的案件中，依据证据的法治——什么样的证据可以被法庭接受，什么样的不能为法庭所接受——在 18 世纪被法庭逐步解决。威廉和安妮统治时期的高等法院首席法官约翰·霍
170 尔特爵士，在司法领域引进了一种对被告更人道和公平的新体制。斯克罗格斯和杰弗里的时代已经结束了。[①]

经历了詹姆斯的专制，革命解决方法中的“自由”成分得到了托利党和辉格党的一致赞成。减少国王的个人权力，保证议会的最高主权和法官的独立地位，保障个人权利和法人团体的特许权利不受行政权力的侵害，这些都得到了 1689 年托利党人的高度支持。在查理二世统治末期，托利党人在怒气冲冲地对抗辉格党人时，他们在语言和行动上都表现得像极端保王党人，还给予了国王许多权力，经历了詹姆斯的统治之后，他们是很愿意收回这些权力的。如果保王党急于增加王室特权，那么托利党就再也不是保王党了，因为直到乔治三世登基之前，他们再也没有找到一个合乎他们胃口的国王。极端托利党人很快就开始对威廉三世不满了，而

① 史蒂芬斯(Stephens)：《刑法史》(*History of Criminal Law*)，第 11 章；霍尔兹沃思：《英国法律史》，第 6 卷，第 518—519 页。

且与他们的期望相反，他们也对安妮不满意，更不要说乔治一世和二世了。革命后的七十年里，极端托利党人对国王的热情再也没 171
有恢复到像他们对晚年查理二世那样。因此从“光荣革命”开始，王权的削弱一直得到了所有党派的赞同。最终当1760年终于有了一个托利党人喜欢的国王登基时，想恢复旧日的王权已为时太晚。没有人再试图去复兴斯图亚特王朝时期国王们的权力。乔治三世致力于新教的发扬光大，他非常忠实于革命解决方法做出的规定。他所努力做的一切，就是在议会的同意下，为他自己恢复那些根据1689年原始方案留给国王的权力，但是在汉诺威王朝早期这些权力是由辉格党大臣们行使的。

“光荣革命”后，这片土地上的臣民对王权的暴政不再恐惧，但是他们的自由可能会受到新主人的侵犯，即议会和议会支持的政府。不过这种威胁由于议会中辉格党和托利党的对立而减弱，正是这种两党间的分离保证了新体制下人民的自由。两党间的对立导致辉格党人一定会加入到任何受到一个托利党政府或托利党下院压迫的一方，而托利党人一定会支持那些辉格党暴政的受害者。172
威廉和安妮统治时期，除了著名的肯特郡请愿者案件，萨谢弗雷尔博士案件，对萨默斯和牛津伯爵弹劾的失败，在政治上还发生了不下一百起这样的事情，这成为了一种政治规律。“光荣革命”虽然使议会的权力强大得令人恐惧，但对于自由来说很幸运的是，议会仍然是一个内部分裂为不同派别的机构。

重要的是出版也获得了自由。印刷和出版的权利对那个时代的政府来说，是件非常讨厌的事情，但因为“光荣革命”以及托利党和辉格党之间持续的对抗，这种权利也获得了。在此之前，在英格兰和在其他国家一样，印刷和出版任何书籍、小册子和报纸之前，都必须得到当局的许可。当然会有非法的秘密印刷厂，它们一般都是由那些更具暴力倾向的反政府者以一种粗鲁的态度经营着。但是公开且合法的讨论，不管是宗教还是政治方面的，都受到严厉的审查制度的阻碍。作为一种由“光荣革命”引进的新时代精神，
173 这种政府控制在1695年被废除了。就在同一年，关于叛国罪的法律得到了改进，出版审查的法案被终止，从此再也没有恢复。

这次大解放之后，就像以前一样，作者和出版者依然要冒以煽动罪和诽谤罪在陪审团跟前受审的风险。如果缺少这种防范措施，“出版自由”就会变成一件令人难以容忍的麻烦。审查制度的废除就意味着“出版自由”。弥尔顿在他的《阿留帕几底卡》或称《论出版自由》(*Areopagitica*, or *the Liberty of Unlicensed Printing*)里要求的就是这些。在这本著名的、半像诗作半像政治著作的小册子里，作者发出了那著名的、爱国主义的夸耀之词：“上帝所要做的不就是要把自身展现给他的仆人们吗，而且像通常那样，首先展现给英格兰人吗？”如果弥尔顿知悉《阿留帕几底卡》发表五十年后，英格兰成为了获得出版自由的第一个伟大的国家，他一定欣喜异常。在他那个时代，他曾被深深卷入的政党暴力，使得言论和出版自由不可能实现。“出版自由”不是伴随着皮姆或克伦威尔到来的，而是一个更加和平和保守的革命的结果。因为1689年的“革命解决方法”不是哪一个政党的胜利，而是两个主要政党之间
174 的一个协议：自己活，也让别人活。辉格党与托利党之间的平衡，两党间相互猜忌，同时两个党又都猜忌国王，这些使得英国人的个人自由得到了保护，免于遭受权力的侵害。

第六章　革命解决方法的持久与发展 175

“革命解决方法”之所以能够在英国历史上占有重要的地位，是因为其持久性是英国后来宪政发展的根源，因此对其后发生的事件做一浏览对理解其全部意义是很有必要的。“光荣革命”产生了一种政体形式和一种思想潮流，两者一直持续到19世纪民主改革时代的到来，并无多少变化，甚至到那时这种思想和实践也并未被倒转，只不过范围更加扩展，以适应一个新的时代。

就英格兰来说，1689年解决方法不是一个党派或教派的胜利，而是党派和教派之间的一个协议：自己活，也让别人活。在英格兰，詹姆斯党人被逐出了政府的安排之外，但他们只是社会中的一个小群体，虽然在苏格兰和爱尔兰并非如此。新的政体——议会控制下的君主制——非常适合辉格党和托利党，也适合当时社
会各阶层以及由两党所代表的当时的思想和情感。“英国革命”没 176
有像“法国革命”那样在国家生活中造成永久性的分裂。它更多的是调和而不是分裂。

在威廉和安妮统治时期，政府是由辉格党和托利党混合组成的；在头两个乔治时期，主要是辉格党；在乔治三世和四世统治时期，托利党再次占据了优势。从1689年到1828年，在如此漫长的时间里，关于国家和教会的法律和惯例并未发生本质的变化，除了

内阁制的发展和作为连接国王和议会的首相职务的发展；不断增长的趋势就是大臣们应该为国王的每一个政治行动负责。在这一时代早期，首先是辉格党人为保卫宪政反对詹姆斯党人，后来是托利党人为捍卫宪政而从另一边反对雅各宾党人，当时的激进派被如此称呼，但他们捍卫的始终是相同的宪政。在国家制度的发展上，不管是中央的还是地方的，在现代英国历史上18世纪都是最保守的一个时期；考虑到这一制度稳定但停滞的漫长时期的中途发生了工业革命，18世纪的确是太保守了。社会的变化超越了政治的发展。

177 为什么国王们再也没有试图去恢复失去的斯图亚特王朝的特权？为什么1689年的这些法律，《权利宣言》，得到了詹姆斯二世的继承者更多的尊重？简而言之，“革命解决方法”最根本的约束力是什么？

首先，“光荣革命”这样伟大的一个事件在人们心中的反响和记忆，其自身就构成了一个安全保证。詹姆斯的流亡对后来的英国国王和他们的谋士们是一个警告，而且永难忘记。

其次，没有议会的批准不能保留陆军。军队仍然由国王指挥，军官也由国王任命，但他只能根据每年议会的申请保持它。《权利宣言》中对此的规定如下：

> 除非得到议会的许可，否则和平时期在王国内招募和维持一支常备军是违反法律的。

这只是重申了曾被詹姆斯破坏过的以前的法律。实际上，议会，特别是下院对军队的控制，作为“光荣革命”的成果，进一步扩展了，这种控制已经由和平时期扩展到了战争时期。

议会对皇家军队的控制在两方面得到了加强。不管是在和平 178
时期还是在战时，都不会再给国王足够的钱保持一支陆军一年以上。根据 1689 年 4 月的《兵变法》，议会授权国王在军队中设立军事法庭以维持纪律，但此法有效期只有七个月，到下一个议会会期为止，它需要议会每年都重新投票通过。如果国王有一年没有召集议会，由于缺乏军费和军纪管理，军队就无法维持下去。

议会为了上述目的曾经和查理一世进行过战争，声称拥有海军和陆军的统率权。但是“光荣革命”的政治家们，一旦摆脱了詹姆斯，并不需要重申这个非常不符合宪法的要求。他们不需要用武力来强迫威廉，他们有其他的办法约束他，因此很愿意将军队的直接指挥权毫不干涉地留给国王。对国王的个人忠诚仍然是军队的法律和传统。在军营中每晚祝酒时欢呼的仍然是国王的健康，而不是议会的。士兵们穿的还是国王的外套，还是国王给他的军
官们下达指令。但自 1689 年后，目睹这些的议会再也没有了恐惧 179
和嫉妒，它知道如果国王和下院闹翻了，就根本不会有军队了。事实上在革命后，辉格党人比托利党人对一支常备军更少猜疑。

威廉和安妮为议会所信任和支持，能够在和强大的法国的较量中打一场漫长而且取得了最终胜利的战争。通过“光荣革命”，英格兰的效率得到了成倍的提高，同时又没有像在克伦威尔统治时那样丧失国内自由。

英格兰如此高效并不仅仅在于对军队的重新组织，更主要的是议会和国王能更好地合作，这种合作在斯图亚特诸王中显然是

极度缺乏的。最重要的是下院非常乐意出钱进行战争和执行外交政策，这是它支持并能够控制的。而在查理二世签署《多弗条约》时议会是没有能力控制外交政策的。事实上，在“光荣革命”后产
180 生的财政体制是英格兰在18和19世纪强盛的关键。这也是“革命解决方法”中最主要的约束力。詹姆斯二世以后的国王再也没有经济实力去试图破坏法律，或者和下院发生严重的争吵。甚至乔治三世在国内最不受欢迎之时，因为下院站在他一边，他仍然可以得到财政支持；一旦失去了在下院的多数，他对政府的个人控制也就走到了尽头。

都铎王朝和早期斯图亚特王朝的诸王都尽量依靠自己的收入，以及下院在每个国王继位时给予他的终生拨款生活。议会的召开不是每年而是不定期的。伊丽莎白女王和查理一世只是偶尔向下院要求特别补助金。查理二世和詹姆斯二世继位时议会也投票通过了他们可以终生享用的大笔收入，虽然这些收入并不够用。但查理二世在法国国王金钱的帮助下，能够在他统治末期拒绝召集议会达四年之久，詹姆斯二世则有三年没有召集议会。

有了这些经验，在革命后下院设法做到了使国王除了每年召集议会，否则经济上绝对不能自理。威廉没有终生享有的议会拨
181 款。每年他和他的大臣们都摘下帽子，来到下院；通常下院都要来一番讨价还价，为拨款取得一些报偿。只有国王做出了一些让步，或者接受一些他不太喜欢的措施或政策后，拨款才能被投票通过。这个程序，现在是每年举行的而不是断断续续的，它使下院成为国王政策的控制者，并且很快导致了一个在1689年时谁也没有预见到的结果，根据新的原则，国王陛下的大臣应该来自于下院的多

数党。

革命后的下院更愿意投票拨款，不仅是因为他们能够更严密地控制大臣们的行动，而且因为他们不再害怕这些拨款被滥用。为监督拨款的使用建立了一套制度，拨款只能用于指定的用途，不得挪作他用。有一笔专门的拨款供威廉个人使用——这就是现代“王室专款”的开始。但是其他的钱，每年拨款的绝大部分，必须由下院投票用于专门目的。下院设立的委员会对账目进行详细审核，哪位大臣如果敢于将拨款擅自挪作他用就会给自己带来麻烦。事实上，议会现在已经取得了对国家财政的严密监控， 182
因此在投票拨款这件事上也比革命前自由得多了。在查理二世时期一直在财政拨款问题上进行斗争。革命后这已经不再是一个问题了。下院的财政监督机制已经完成。这也是革命后政府的财政状况为什么能够得到极大提升的主要原因。下院已经不再想使国王资金短缺了，在查理二世时期这种状况对于国家财政是灾难性的。

但是税收并不是根据个别不负责任议员的提议就进行投票表决的。威廉或者安妮的财政官员要为一年的税收起草一个计划，然后由那些在议会有席位的官员将之提交到下院。这些提议并不是像后来那样被集中在一个包括一切的预算法案中。而依然是由财政部门将每个提交到议会的税收都做成一个计划。几个最重要的财政部门官员，像斯蒂芬·福克斯爵士和威廉·朗兹，同时也是议会议员，他们在游说议员和议会辩论中发挥了重要作用。这套 183
机制发展得如此完善，以至于在安妮统治末期，议会通过了著名的“第 66 号常设命令”，其中规定，除非根据国王大臣们的提议，不得

为任何用途投票拨款。

政府大臣和财政官员就这样和立法机关成员紧密地联系在了一起，解释、辩护、修改他们作为专家提出来的政策，以迎合那些乡绅的批评。另一方面通过谈判协商，乡绅们也学习到了政治家的技艺和财政知识，并且学会了理解政府的需要和工作方法。在这种奇特的英国体制下，国王、内阁、财政部门都和下院联系了起来，但下院是领导者，还是被引领，却很难说清楚。这是一个非常令人羡慕的安排，坚实的财政基础，诚实的行政管理和自由的政府。立法机构和行政机构经由这种精巧的体制相互控制，从而也相互信任，使得下院在拨款方面非常慷慨，这与他们的父辈当年像小气鬼似的只给查理二世一点点施舍形成了鲜明的对比。在那时候，议员们对于所拨资金的目的、政策和人员只有一种无规律的控制。

184 这样，政府的债务不再是君主个人的债务了，而变成了国家的债务，在议会的同意和信用担保下订立契约。在对法战争期间，债务跳跃式地增长，但并不是致命性的，就像其先辈预计的那样。因为它建立在一个由议会提供担保，基金储备健全的体制上。现在它是国家的债务，而不再是国王的债务了。一个国王很容易就会破产，例如查理二世，但是想让一个国家破产就不那么容易了。

由议会担保的政府借款、国债、1694 年建立的英格兰银行，这些方法和机构使英格兰能够击败法国并扩大她的帝国，钱包在其中发挥的作用一点也不亚于刀剑。没有财政大臣戈多尔芬，马尔波罗也难以赢得战争；没有城市和下院的财政支持，彼得的所有天才也难以赢得加拿大和印度。“金钱利益”的政治倾向和革命中产
185 生的政府结合在一起，从而使得政府的借款变得更加容易了。许

多代以后，我们发现那些城市里的富豪——其中许多都是非国教徒——会打开钱包，投资由议会担保的国债，支持他们信任的政府。他们的先辈可不像现在这样愿意借钱给查理二世和詹姆斯二世，因为借款目的令人怀疑，资金安全难以保证。

所有这些都增强了英格兰在国内和海外的实力。在 1688 年法国不仅是一个比英格兰人口更加稠密、更加富裕的国家，而且普遍认为，她的政治和经济组织也先进得多。但是在“光荣革命”后，英国的政治和经济体制使得英王比他们所有的对手更加富有，而法国的财政和君主制却一直在走下坡路，直到 1789 年崩溃。

此时与财政相关的所有事情下院都具有最高权力，并且很自然地扩展到了与财政同源的贸易控制方面。现在国王被剥夺了一项古老的特权，贸易垄断的特许权：1693 年下院通过了一项决议，除非议会禁止，所有的英格兰国民都有平等的权利与东印度进行贸易。威廉没有勇气挑战这项从国王手中拿走的主要独立收入和
权力的决议，伊丽莎白女王和斯图亚特诸王都曾利用它建立贸易 186
垄断。新的东印度公司和所有专利垄断公司的特许状，像东非公司一样，从此以后都必须得到议会法令的认可。从此以后，资本家和商人，就像伟大的约书亚·柴尔德和其自由贸易中的对手一样，关注的不再是宫廷而必须是议会；为了他们的前途必须在威斯敏斯特的走廊里密谋和行贿，而不是在白厅的前厅和密室里。这是由革命导致的非常典型和重要的权力转移的例证，它影响了国家生活的各个领域。

从诺曼王朝和金雀花王朝开始，宫廷就一直是英格兰的“心脏”，英格兰所有的血液都要经过它流动。最好的和最坏的人总是

可以在宫廷里被发现，围绕在国王的周围，在野心和阴谋的漩涡中一直争斗。主教、律师、宗教改革家、上流社会人士、赌徒、有学问的作家、诗人、探险家、艺术家、剧作家、军人、航海家、商人、农业改
187 良家、寻求垄断权和被没收土地的没落贵族、科学发明家、金融改革家、造谣惑众者和普通的骗子，所有这些人在宫廷中均寻求国王的恩惠。不管国王走到哪里，他都会吸引这么一群人跟在他后面。宫廷里的生活就是国家生活的一个缩影。在伊丽莎白女王时期就是这样，就像当时塔奇斯通所说的，不能在宫廷里就是受到了永罚的诅咒。查理二世时期的白厅情况依然如此。

所有这些在“光荣革命”时都结束了。权力和恩惠在很大程度上转移到了下院和贵族的手里。同时，威廉是一个冷漠的、对英格兰漠不关心的荷兰人，继承他的安妮又缺乏合法性，因此宫廷在社会影响和流行风尚方面重要性的丧失，比其政治权力的丧失还要快。宫廷从此就变成了辛勤劳作的国王和女王们与外界隔离的家庭庇护所；在这里公务人员每天被接见，国事活动时，这里会开门迎接一群经过精心挑选的、彬彬有礼的访问者。但是自“光荣革命”后，这里再也不是英格兰人生活中拥挤的公共中心了。

下院是旧宫廷遗产的合法继承者。下院的确很难像宫廷那样成为时尚、艺术和文学的中心，但是这些活动首先在贵族中间，继
188 而在普通大众中找到了赞助人。审查制度的废除使得作者不用再去巴结那些“大人物”了，虽然在安妮统治时期，辉格党和托利党的政治家们招揽了当时一些主要的作家来为他们的党写诗和小册子。

革命后的下院取代国王的宫廷成为寻求财富和权力的地方。

威廉、安妮或者乔治挑选的大臣，如果想统治这个国家，就必须保持和下院的良好关系。这样，下院席位的社会价值和货币价值就跳跃式地向上攀升了。自从“长期议会”肯定了下院的权力后，其议员就成为了被巴结和经常被贿赂的对象。查理二世和路易十四就一直向一些议员提供金钱。“光荣革命”后，法国国王不再是一个主要的竞争者了，英格兰国王和他的大臣们比以前更多地采取各种直接或间接的办法来贿赂下院。政府以官职和美差贿赂议员，商人和商业公司给议员们股份或者现金作为酬报。以前英格兰最重要和最腐败的地方是白厅，现在是威斯敏斯特。尸首在哪里，鹰就会聚在哪里。

尽管有诸多缺点和危险，但辉格党和托利党的存在至少有助于减少腐败。两党都有自己片面的理想主义和派系的忠诚，每个党内都保持着一个由狂热分子组成的、不会被腐败的核心，他们愿意去行贿，但不会被贿买。只要政党斗争生机勃勃地进行着，就像在威廉和安妮统治时期那样，只要真正而且重要的分歧意见在进行着争论，公众的意见就会对下院产生重要的影响，腐败和利己主义至少也能被控制在一定的范围内。但是当在头两个乔治王时期，托利党因为在王朝问题上的分歧而分裂，从而在政坛沉沦下去后，两党间关于真正原则问题的争论终止了四十年之久（1720—1760 年）。在沃尔波尔和佩勒姆当权时期，议会制政府被辉格党内一些巨头组成的小集团操纵着，这时的斗争只是一些人为了争权夺利而产生的个人恩怨。在沃尔波尔和平的管理下，“每个人都有他自己的价格”，公众舆论也相当满意他宽松的统治，放任那些政治家做他们自己爱干的事情。

在这段政治上死气沉沉的时期，议会选邑的买卖生意却是红火得很，通过这种生意，一些贵族和乡绅事实上取得了那些“腐败
190 选邑”议员的任命权。在沃尔波尔时期，这些“腐败选邑”主要在辉格党手里，在乔治三世和四世时期，它们主要在托利党手里。但是不管哪个党是它的主要受益者，它都是根源于同一个制度，直到1832年它才被一扫而空。*

18世纪后半叶，与威廉和安妮统治时期相比，下院变得越来越没有代表性，不能代表国内真正的政治力量。工业革命加速的人口流动和新兴阶级的成长，并未能在议会代表中得到任何反映，直到通过了拖延许久的改革法案。但是我们对此不必过分夸大。从来就不存在一个封闭的寡头制，如果整个国家都被鼓动起来，人民的意志依然可以在一个未经改革的下院生效。因此在1831年大选中，在改革法案的问题上，选出的议员以120人的多数票支持废除腐败选邑。未改革的下院改革了它自己。不再需要第二次光荣革命。

从1689年到1832年，国王的权力仍然很大，他在固定的法律范围内工作，坦率地承认了行政权力对议会的依附地位。威廉和安妮都试图通过由辉格党人和托利党人组成的混合内阁进行统
191 治，但是很快就发现只能由在下院占多数的一党组阁。在汉诺威王朝时期政党变成了国王陛下政府能够运行的唯一媒介。但是国王的权力，作为荣誉和恩惠的源泉，仍然强大到能够使国王可以在

---

* 1832年的改革法案虽然清除了许多腐败选邑，但仍有一些腐败选邑存留下来，直到1867年第二次议会改革法案通过后，这些腐败选邑才逐渐被彻底清除。——译者

两党中挑选一个他喜欢的组阁。乔治一世和二世选择了辉格党人，乔治三世和四世更多地挑选托利党人。当辉格党和托利党势均力敌时，国王的权力和恩惠足够决定大选的结果，两党间的力量越均等，国王个人的权力就越大。辉格党财政大臣科伯，在乔治一世继位时给他写了一份备忘录，里面有一些意义重要的话：

“请允许我确告陛下，根据以往的经验，现在两党间的力量如此接近，大家对大不列颠国王给予的、丝毫不超越法律范围的恩惠是如此欢迎，陛下您完全有能力在接下来的所有议会里给予两党中您喜欢的那个一个明确的多数，只要您在选举前适当的时候，表明您喜欢其中的这一个或者另一个。”

简而言之，这位大臣从安妮女王时期的多次经验中了解到，国 192
王的恩惠可以决定辉格党和托利党在大选中的成败。这是因为选民人数少，以及一些个人拥有的腐败选邑的存在，政府可以用头衔和官位来收买他们的支持。当 1832 年改革法案为选区提供了更多和更独立的选民的时候，官位和大臣们的恩惠就不再能够决定选举结果了。国王退出了这种政治游戏。取而代之的是政党间以立法提议在选民面前相互竞价，试图劝导和贿赂整个阶级。这可能是一个进步，但肯定是一个变化。

因此我们可以看到，根据“革命解决方法”，国王仍然拥有巨大的权力，尽管他必须小心谨慎地运用它，而且政府的任何政策都不能违反下院的意志。

1913 年 9 月，正处于“自治法案”引发的政治危机之时，一个问题被提了出来，即国王是否可以不顾其大臣们的反对，合法地解

193 散议会。伊雪尔勋爵为了乔治五世的利益写了一个备忘录，其中有如下这些话：

“国王还有没有特权呢？

“是的，他有很多，但当这些权力付诸行动时，它们必须根据对议会负责的大臣的建议来行使。除非其政策已经由必须对议会负责的大臣检查过，君主不能采取任何政治行动。

“这一点是非常重要的，它是根据1688年原则建立起来的立宪君主制与所有其他形式政体的区别。”

这个陈述非常正确。大臣们要为国王的所有政治行动负责，从维多利亚女王继位直到今天，这一点依然有效。伊雪尔说它是“建立在1688年原则上的”，他是正确的。不过，并不是在“光荣革命”之时就建立起了如此固定的形式。总的来说，革命更多的是限制了国王的特权，而不是将还留在国王手中的特权从国王手中转移到了大臣们手中，这种有着重要意义的变化是随着时间的流逝逐步发生的。

例如，威廉三世仍然行使着重要的国王特权，根据他的自由意志更换大臣和解散议会。

194 在1690年和1701年，他不顾他最重要大臣的反对和当时下院的反对行使了这种特权，但是在这两次事件中，选民在接下来的大选中都支持了他的行动。安妮在1710年做了同样的事情，乔治三世在1783年获得了同样的成功。威廉四世在1834年也这样做了，但接下来的大选对他不利。从那以后，再没有国王试图不顾下院的反对更换大臣，或者不顾大臣们的反对解散议会。

可以看到，国王手里剩余的特权虽然受到了《权利宣言》的限制，但是直到维多利亚女王登基以前，并没有全部从国王手中转移到大臣们手中。不过伊雪尔在说大臣们要为国王的全部政治行动负责是根据1688年的原则时，他是对的。正是根据这些原则，在光荣革命创造的新的环境的压力下，这种严格的现代惯例逐步发展了起来。

虽然在1689年政治的天平已经转向了议会一边，但是英国的 195
宪政，就像其祖先喜欢称呼它的那样，仍然是一个由国王、上院和下院组成的“混合”宪政。从1689年到1832年，他们在政府的运作中都有着自己明确而重要的位置。

那么，“光荣革命”后上院在宪政中又占据了一个怎样的位置呢？国王的大臣们为了保住他们的官位，是不是只需要和下院达成协议就可以了呢？现在，不管是在表面上还是在实际上，的确是这样。在整个18世纪，至少在表面上也是这样。是下院为威廉和安妮提供拨款，并可以以此讨价还价。的确曾有一段时间，主要的大臣们仍然坐在上院里，直到沃尔波尔看到了权力的真正所在，宁愿通过他在下院的席位来统治这个国家(1721—1742年)。是下院而非上院的投票决定了内阁的去留。沃尔波尔内阁(1741—1742年)最后激烈的攻防战是在圣斯蒂芬小教堂狭窄的房间里月复一月地进行的。当最终沃尔波尔在下院的多数消失了，他只好辞职，隐退到了上院；当他在令人肃然起敬的上院遇到他以前的政敌巴尔蒂尼时，用一种玩笑的口吻对他说：“我的巴斯大人，你和我现在都是英格兰的无足轻重之辈了。”

从这里也许可以推断出上院已经不再重要了。但是事实上， 196

从光荣革命后直到1832年，他们对于政府部门仍然有着相当大的控制力，因为在选举中通过腐败选邑贵族们可以选送许多下院议员。18世纪贵族对选举的控制不断增强，部分由于这一原因，议会两院之间的斗争在汉诺威王朝时期要比威廉和安妮时期少许多。在头两个乔治王时期，在两院中占多数的都是辉格党，在乔治三世和四世时期占多数的总是托利党。这样不管是辉格党还是托利党的统治，两院间的和谐一直持续着，直到围绕着1832年改革法案两院之间进行大角力的时候，才最终表明了终极权力的所在。

在18世纪，组成下院的主要是地主乡绅，但是这是些除了土地利益也和其他利益群体有着密切联系的乡绅。许多著名的专业人士，特别是律师、重要的商人和军官，一些像柏克那样的天才，都找到了进入议会的途径。一个既有野心又有才能的英国人通常有

197 两个抱负：成为一名议员和得到一块地产。虽然下院主要是由地主构成的，但它仍然是当时受过教育和有影响阶层的代表，尽管它的选举是在一个不合理的体制下进行的。[①]

辉格党主要代表了更加富裕的土地所有者、非国教徒和商人团体，托利党则代表了乡绅阶层和国教徒。事实上，发生在“土地利益者”托利党和“金钱利益者”辉格党之间乱哄哄的斗争，在很大程度上只不过是一种党派间的叫喊和陈词滥调。他们在政策上其实没有多少分歧。在实践中，辉格党人从来没有忽视过土地利益，托利党人也没有忽视过商业利益。在整个18世纪，不管是哪一方

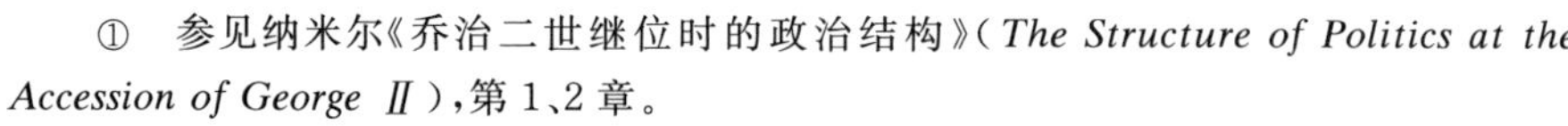

① 参见纳米尔《乔治二世继位时的政治结构》（*The Structure of Politics at the Accession of George Ⅱ*），第1、2章。

当权，下院都会充分考虑到整个上等和中等阶级的经济需求。“穷人”被忽略了，就像在所有的国家和所有的政府体制下他们都总是被忽略一样，直到由工业革命导致的民主政治的兴起。

这就是迪斯累利在回顾历史时称之为的“威尼斯式的寡头
制”——只要是辉格党当权的时候。纳米尔教授最近对 18 世纪中 198
期的政治方法和人物做了深入的研究，他否认那些当权的家族是“寡头集团”，是那些生来就穿紫袍的贵族。他说他们是国王的侍臣和议会政治的专家。他们的崛起是靠他们在议会辩论中的才能，或者在议会和宫廷里的谋略。即使是纽卡斯尔公爵也是这样，沃尔波尔、老彼得和他的儿子小彼得，包括迪斯累利自己都是如此。

这种政府体制是不是一种“寡头制”呢？事实上它的运作方式和威尼斯人的正好相反。在威尼斯，寡头制的统治方式是靠专制政府、侵犯人权的审讯、强制的沉默和秘密警察。但乔治一世和二世将统治权力委托于其手中的辉格党人，其统治的前提是根据革命解决方法的精神给予托利党对手以最广泛的自由。如果他们挑衅对方，他们和汉诺威王朝的国王就会一起被推翻。

辉格党的“寡头制”要服从法治，就像自 1689 年后的每一届政
府一样。英格兰的普通法没有给予行政部门任何权力去禁止抨击
政府的公共集会和政治出版物。如果法官和陪审团不认为一个政 199
府的批评者犯有煽动罪，政府没有任何办法让他保持沉默——除非在政府里给他一个职位！是法庭而不是政府，决定什么是诽谤罪，什么是煽动罪，什么是亵渎罪。在 18 世纪的英格兰是这样，现在也是这样。

整个18世纪，英格兰的文明和政治的法律特征都非常显著。布莱克斯通在1765年第一次出版的《英国法评论》成为了畅销书，不仅仅对律师有着巨大的影响。行政部门不敢践踏法律，法律是自由的。立法机关当然可以通过新的法令来更改法律，但是，事实上议会在18世纪中期立法很少，而且一点也不是想减少国民的自由。我们现在对过去那个政府和它的思想状况的批评，不是因为它干涉太多，而是它干涉太少；当社会因为工业革命而不断变化的时候，却任由法律变得古老和过时。沃尔波尔和他之后的佩勒姆的缺点不是什么专制暴政，而是一种懒洋洋的保守主义。沃尔波尔特别喜欢的一句格言“quieta non movere”（不要惊醒正在睡觉的狗）不是一个专制者的座右铭——但也不是一个改革者的座右铭。

200 在乔治三世统治时期，托利党取代了辉格党的统治时，状况基本没有什么变化。制度上的变革、法人团体的改革、大学的改革、议会的改革、地方政府的改革都被忽视了，虽然工业革命使得所有过去享有特许权的团体越来越不合时宜。

法国大革命时期，在托马斯·潘恩的影响下英国掀起了民主运动，要求男子普选权。民众意见因为受到惊吓而走向反动，托利党政府在民众舆论的支持下，比当年的辉格党人采取了更多他们认为必需的镇压措施。

然而，即使是在彼得和卡斯特雷镇压民主运动的时期，1689年的法律和宪政仍然得到了遵守。在“反对雅各宾党”最疯狂的时候，在下院演讲仍然是自由的，虽然在全国不是这样。反对派演说家，比如福克斯，在下院发表的最令人热血沸腾的演讲，被媒体进行了全面和自由的报道。而且，在国内对民主派的镇压也是通过正常的法律程序、通过陪审团的裁决进行的。当陪审团宣布被起诉的激进派无罪的时候，政府不得不释放他们。因此，即使是在 201
1790 年到 1820 年英格兰处于镇压最严重的时期，它和大陆上的专制暴政也是非常不同的，不管是过去还是现在，都是如此。自始至终是下院统治着这个国家，是下院打败了拿破仑，就像它当年打败了路易十四一样。这即是为什么拿破仑倒台后，欧洲受压迫的自由主义者的目光都转向了英格兰，这个法律下的自由的发源地，尽管这时候离改革法案的通过还有许多年。

从威廉三世到乔治四世的宪政并不是一种完美的统治形式，但是它却使英国比她的邻国更加繁荣昌盛，当变革时代最终到来的时候，它证明自己有能力和平地重新适应新的形势。“1688 年的原则”已经逐步更新和扩大，以满足现代民主政治的需要。

由于长期运用和惯例，自由与和平的自治对英国人来说已经是很自然的事情了，因而在这个危险的时代我们依然能幸存下来。自从 1689 年以来下院一直统治着这个国家，所以当后来那些短命的国民会议消失了的时候，它仍然能够统治我们。这是因为在二百五十年前英国人就已经获得了宗教崇拜、言论和写作的自由，当 202
许多国家的人民再次失去了他们并不古老的自由时，英国人民依然拥有自由。

第七章　革命解决方法
203 在苏格兰和爱尔兰

先辈们在为他们自己的国家处理英格兰的王位问题和制定“革命解决方法”的时候，并不认为自己需要考虑英格兰和威尔士以外其他人的愿望。但是光荣革命在詹姆斯统治的其他地方，在英国的殖民地，在苏格兰和爱尔兰，也同样具有重大意义。

殖民地和爱尔兰是英格兰的附属地。事实上，美洲殖民地在不同程度上享有着内部自治。但是它们在经济方面和海军方面均依赖英格兰，不管在法律上还是在实际中它们对王位问题都没有发言权。只是到了1931年《威斯敏斯特法》才制定了不同的法律原则：“从此以后，任何在法律上关于王位继承或者王室称呼和头衔的变更，不仅需要联合王国议会的同意，也必须获得所有自治领议会的同意。”但是在1689年，没有哪个英格兰人认为在如此重要的问题上需要征求殖民地的意见。

204 绝大部分讲英语的美洲人对废黜詹姆斯都表示热烈的欢迎。殖民地人民对国王的宗教政策和他同法国的友谊深怀恐惧，在殖民地人民心中和这些联系在一起的是法国的魁北克、法国的耶稣会士，还有他们的印第安人同盟者，这些印第安人在防守很差的西部边境令人恐惧地游荡着。而且詹姆斯的专制主义倾向在他统治的末期,已经和殖民地实际上要求独立的主张发生了激烈的冲突,在马萨诸塞,这种独立至少和殖民地本身一样古老。母国发生的革命使马萨诸塞和纽约的民主党派也成功地发动了起义,反对以总督安德罗斯为首的政府。在詹姆斯二世的命令下,这位能干的总督已经剥夺了殖民地的自治权,取消了各地的民选议会。詹姆斯的目标就是要将分散的殖民地组合到一个名叫“新英格兰”的更加紧密的联邦里——就其自身来说这是一个值得做的政策,但是与之联系在一起的是对美洲人自由的摧毁,这肯定要不了多久就会引发一次致命的大爆炸。很可能是因为“光荣革命”终止了这些计
划,所以也延迟了美洲革命的发生。不过可以肯定的是,它缓和了 205
殖民地要求自治和詹姆斯在海外主张国王特权而导致的紧张局势。

另一方面,爱尔兰在被迫服从更换君主之前,她不得不被重新征服。对于她的居民中占大多数的天主教徒来说,“光荣革命”意味的不是宗教和政治自由,而是外国的统治和宗教迫害。关于“光荣革命”依靠刀剑强加在爱尔兰的解决方法,我将会在本章末尾进行更详细的论述。

苏格兰与殖民地或者爱尔兰的地位不一样。她根本就不受英格兰议会的统治。她有自己的议会,根据法律这个议会有权处理苏格兰的王位问题,就像英格兰议会可以处理英格兰的王位问题一样。当时存在着两个不同的王冠,虽然自 1603 年以后它们戴在同一个人的头上,苏格兰的詹姆斯六世变成了英格兰的詹姆斯一世。他的孙子詹姆斯二世是苏格兰的詹姆斯七世。不列颠是一个“双重君主国”,两个王国中的每一个都有自己的法律和法庭、议会、政府和教会。在 1689 年,苏格兰可以选择保留她的国王詹姆

206 斯七世，或者选举一个除了威廉和玛丽的其他人做国王。但是爱丁堡大会在处理王位问题时更愿意效仿威斯敏斯特大会。在其他方面，因为两国的情况存在着很大差异，所以苏格兰的“革命解决方法”也必然与英格兰的“革命解决方法”存在着许多不同。

在1689年没有人能够预见到，革命在两个国家产生的最终结果导致的将是两个民族和议会的紧密联合，还是两国间更加糟糕的争吵，最终以两国王位的分离而结束。不列颠未来的力量和幸福生活很大程度上就取决于这个问题，直到1707年经过协商两国议会最终合并以前，这一直都是一个非常紧迫又非常难以确定的问题。而且在1745—1746年苏格兰的詹姆斯党人被彻底击败以前，这种联合并不稳固。不过当1689年苏格兰议会否认了詹姆斯七世的权威，邀请威廉和玛丽成为苏格兰的国王和女王的时候，两国间迈向更加紧密联合的第一步就开始了。

为了理解在这个历史的新纪元苏格兰的局势，以及苏格兰与
207 英格兰具有相同名称的政党之间的巨大区别，就必须重新回顾过去发生的宗教改革。伊丽莎白女王时代的英格兰和玛丽女王时代的苏格兰，她们分别统治的这两个国家采取了两种完全相反的方法，将现代俗人的意志强加在了中世纪教会之上。

都铎王朝时期英格兰的宗教改革原封不动地保留了教会的中世纪组织机构——除了废除了教皇的最高权威，查禁了隶属于教皇的修道院修士和托钵僧。在教会旧的组织机构中，外国成分被清除了，本国的部分原封未动地保留了下来，依然由主教、执事长、高级教士掌管着教会。现代的英格兰教会依然保留着中世纪的组织结构，俗人在其中没有发言权。英格兰的教士大会只包括神职人员。教区牧师并不对他教区里的俗人长官负责。这种纯粹的教权体系在都铎王朝的宗教改革中完整地保留了下来，它没有设立任何像20世纪时建立的英格兰教会大会这样包括一个俗人院(House of Layman)的机构。

但是，英格兰的宗教改革建立了俗人对宗教的控制。既然英格兰教会的内部机构完全是由神职人员组成的，俗人的意志就必须从外部由国王和议会强加给教会。都铎王朝宗教改革在政治方 208
面的实质，即是如此。

另一方面，在苏格兰，俗人和宗教改革者却没有机会将他们的意志通过国王或者议会强加给教会，因为此时苏格兰的王冠戴在天主教徒玛丽的头上，而苏格兰议会也没有像英格兰议会那样的威望、传统和机构去完成这样重大的任务。因此，在约翰·诺克斯的时代，苏格兰的俗人，不是像英格兰那样通过国王和议会控制教会，而是他们自己进入教会成为了教会自治体制的一部分。苏格兰的宗教改革将教会变成了一个民主机构——在双重民主的管理下，一种是摆脱了主教控制的教区牧师的神职人员民主，与之并肩的是一种俗人的民主。它的教规比主教管理下的英格兰教会更加严格，它是一种由教区牧师和俗人长老实行的民主制下的教规。

英格兰的宗教改革是“伊拉斯图主义”(Erastianism)的，即是说国家要控制教会，苏格兰的宗教改革则是教权主义和民主主义的。英格兰和苏格兰在消除罗马教廷势力时采取方法的不同，导致了后来斯图亚特王朝时期敌对的新教派别在相互争吵时也采取了不同的斗争方式。在英格兰，宗教斗争成为了国王和议会之间的争 209
斗。在英格兰，从伊丽莎白女王统治时期到克伦威尔死的时候，清

教徒，或者说激进的新教徒派别，试图通过议会，而圣公会教徒*则努力通过国王的权威将各自的意志强加给教会。正是这种，而非其他原因，导致了国王和议会之间的内战。问题是：是国王还是议会在统治教会？教会并没有作为一个独立的神职人员组织加入到这场斗争。英格兰教会没有像苏格兰教会那样将自己树立为除国王和议会之外的第三方势力。英格兰教会成为了一个分裂的、内部相互敌对的宗派，其教士分别附属于国王和议会。17 世纪高教会派的信条鼓吹的不是教会的政治权力，而是国王的政治权力。早在 1660 年前，英格兰清教徒的力量就在议会里——而不是在威斯敏斯特神学家大会上，这个大会的功能只是向议会提出建议。对骑士党人和清教徒、托利党和辉格党来说，伊拉斯提图主义是他们共同的基础。英格兰人，虽然在其他方面少有一致，但至少都同

210 意宗教问题应该由国家解决，而不是由教会——由国王或者由议会——不能由教皇、主教，或者任何类型的神职人员会议解决。

但是在边界的那边采取的却是非常不同的方式。在苏格兰兴起了强大的苏格兰长老派教会，也称“柯克”(Kirk)，在体制上和精神上它都是民主的，在教区机构和教会大会里俗人和教士一样都有平等的代表权。在英格兰没有任何与之相似的组织，从它被诺克斯建立伊始，就不得不成为与当时的苏格兰女王玛丽进行政治斗争的主力。改革后的教会必须为它的生存而战斗，否则就会面临毁灭，因为苏格兰议会没有能力为它进行战斗，所做的只是登记一下它通过的法令而已。

---

* 即国教徒。——译者

由于缺少一个强有力的议会，教会就声称它比其他任何团体都更好地代表了苏格兰人民；而且它已经开始着手教育苏格兰人民。与强大的“柯克”对立的是国王。斯图亚特王朝的国王们肯定了国家对教会的控制权，肯定了个人的自由权利，反对教士和俗人长老对国民非法审查的权力。当苏格兰国王成为英格兰国王，英格兰的整个力量加强了苏格兰国王的权力的时候，国王感到自己已经强大到可以从白厅挑战“柯克”了。在他的苏格兰臣民当中， 211
有许多人反对那种被加尔文教强加的纪律，特别是在贵族和地主乡绅中。由于他们不能像在英格兰那样依靠议会来保护自己免受教士的压迫，他们就团结在了国王的周围，形成了苏格兰的骑士党或者说托利党。

在17世纪，苏格兰的骑士党和托利党是宽容主义者、反教权主义者、厌恶民主制教会的绅士们的避难所，此外还有那些反对由教士和长老们决定他们的生活、也不喜欢在宗教集会上不得不站在忏悔椅上听讲道的普通人。苏格兰的骑士党人和圣公会派希望能摆脱教士们的控制，但他们也不愿意使用英格兰的祈祷书——至少直到18世纪还是这样。当查理一世和劳德试图将祈祷书强加给苏格兰时，蒙特罗斯和未来的苏格兰骑士党人暂时加入到了“柯克”一方反对国王。在祈祷书问题上，整个苏格兰民族是反对查理一世的。1638年的神圣盟约，从某方面说体现的就是所有苏格兰人为了保卫他们的宗教和民族独立而反对英格兰国王的爱国主义立场。但是在其他方面，神圣盟约也是苏格兰的宗教激进分 212
子将他们的意志强加给所有同胞的一个专横的决议，其包括的不仅仅是宗教方面的事务，还包括政治方面的问题和人民日常生活

中的行为。苏格兰的骑士党人对这个民主的、像审判官一样的教会的反对，不是在礼拜仪式和教义方面，而是在社会和政治方面。

为了遏制苏格兰教会大会和长老会管理机构的权力，斯图亚特王朝的国王们在苏格兰重新设立了主教，就像威灵顿公爵所说的，他将牧师重新引入到他的军队中是“为了遏制狂热激情的肆虐”。在詹姆斯六世即英格兰的詹姆斯一世和后来查理二世统治时期，苏格兰的主教制在教会的礼拜仪式和教义方面并没有什么变化，变化的是在教会的管理方面，其目的是为了抑制这个民主制教会在政治和社会方面的权力。如果在 1660 年复辟后，苏格兰的保王党政治家们能够应对得当，他们本来可以代表那些主张宽容和具有良好理智的人，来反对教士们那种不宽容的主张。但是代表主教制教会的米德尔顿和劳德戴尔所采取的迫害手段几乎和那
213 些长老会派的狂热信徒一样地鲁莽和不人道。在查理二世时期对神圣盟约派成员的迫害，对整个西部居民的武力镇压，给苏格兰人民心中留下了难以抹去的印象，同时也减轻了“柯克”在过去统治时期所招致的憎恶。斯科特的《修墓老人》对这段不幸的时期进行了深入的描写。

接下来发生了“光荣革命”。这场革命在苏格兰和在英格兰一样，是由于詹姆斯二世试图恢复天主教的优势而引起的，这是一个时代错误，它横切入了 17 世纪苏格兰已有的争论当中。在正常情况下，严格的长老会派不可能有力量推翻政府，因为他们面对的主教制派十分强大，尤其是在东部地区。但是詹姆斯二世的所作所为正中苏格兰辉格党人和长老会派的下怀，他们在 1688—1689 年冬天带领全国人民反对詹姆斯。托利党人和主教制派无所适从地

看着发生的一切，既不能支持罗马天主教，又不愿意反对国王。苏格兰的托利党人没有像英格兰的托利党人那样在那个冬天站在起义的最前线。部分是由于这个原因，在 1689 年邀请威廉和玛丽接受苏格兰王位的爱丁堡大会上，最终决定的苏格兰的“革命解决方
法”大部分采纳了辉格党和长老会派的建议。苏格兰的主教制派 214
没有积极参与革命，他们因此也未能分享到革命的成果。

正当此时，克莱武豪斯正在煽动高地人发动反对威廉国王的叛乱，因此苏格兰的“革命解决方法”必定更多地带有辉格党的党派色彩，而英格兰的“革命解决方法”则是两党达成一致的结果。苏格兰的大会没有讨论“退位”。他们以辉格党的话语，直截了当地宣布，詹姆斯被“剥夺”了王冠。他们彻底废除了主教制。与英格兰不同，苏格兰的“革命解决方法”缺乏妥协精神，正是这种妥协精神的缺乏导致了苏格兰在接下来的两代人时间里，在东部低地地区坚强的主教制派当中一直存在着一个强大的詹姆斯党。

高地地区的詹姆斯党人的起源不同于低地地区。它主要是起因于其他部落及其领袖对阿盖尔伯爵坎贝尔优势地位的反对。查理一世统治以后，历任阿盖尔伯爵就将坎贝尔部落的利益同长老
会派和辉格党人的利益联系在了一起。因此，他的临近部落如果 215
想报部落间的世仇，就只能先加入到骑士党人一边，其后加入到詹姆斯党人一边。在接下来的四代人时间里，蒙特罗斯、克莱武豪斯、老觊觎王位者和小觊觎王位者一直能够在高地地区招募军队，在这个过程中，浪漫的詹姆斯党人传统在许多高地部落中变成了一种世代相传的热情。

1689 年的苏格兰“革命解决方法”是由苏格兰人自己，而不是

由白厅或者威斯敏斯特决定的。为了前二十年受到的压迫，长老会派的暴民们对西南部主教制派教士进行了残酷的报复，这与威廉的愿望和利益都是不相符的，在英格兰的托利党人中间也引起了极大的愤恨。但是威廉和托利党人都无力干涉。爱尔兰正在詹姆斯党人的手中，英格兰也麻烦缠身，正在处理她自己的革命。这位新的荷兰人国王还不能与他在苏格兰的唯一盟友——长老会派疏远，不管他对他们的一些做法感到多么遗憾。

因此，在爱丁堡举行的议会大会是在没有伦敦干涉的情况下解决苏格兰问题的。但是它的商讨过程却面临被苏格兰高地人的双刃大刀粗暴打断的危险，他们完全站在大会的对立面。

216 克莱武豪斯对大会的贵族们说：“如果国王的王冠掉下来，就会有许多脑袋被打破。”

1689 年夏天，整个苏格兰被一条消息所震撼，一支高地人军队在克莱武豪斯的约翰·格雷厄姆*的率领下，正从山上下来，格雷厄姆已经被詹姆斯封为邓迪子爵。他是众所周知的苏格兰最好的战士，也是神圣盟约派和辉格党人无情的敌人。在克力克兰基的隘口上，不是第一次也不是最后一次证明了，部落剑客那种原始的勇猛足以匹敌现代火枪手尚未成熟的战术。威廉国王正规军中的苏格兰部队被消灭了。但是邓迪沉浸于胜利的喜悦之中，他一

---

* 克莱武豪斯为苏格兰一地名，约翰·格雷厄姆所属的家族历代为克莱武豪斯的领主。——译者

直缺乏有足够权威的军官来激励和控制这些没有纪律、喜好相互争吵的高地部落。在他们前进到平原，和低地的詹姆斯党人取得联系之前，就被一支由西南部神圣盟约派农民组成的志愿军阻挡住了。这支由坚定的盟约派狂热分子组成的小部队，在他们的领导者克里兰德的指挥下，在保卫邓科尔德城的战斗中抵挡住了整
个高地人军队。克力克兰基的胜利者，既可以被看作是一支英雄 217
组成的军队，也可以被看作一群掠夺者，在遇到第一次阻遏时就失去了勇气，乱哄哄地退回了山里，带着他们的荣誉和他们抢劫的财物，各自回到了他们幽深的峡谷中。“大会的贵族们”又可以不受干扰地继续他们的任务了，在“革命的基础上”解决苏格兰的教会和国家问题。

革命后管理苏格兰的难度和革命前一样艰巨。复辟的长老会派的确做了许多工作来安抚南部，低地地区的大部分农民都属于长老会派。但即使在那里，那些极端的盟约派狂热分子也拒绝承认威廉，因为他是一个“非盟约派”的国王，因此有时候他们就和他们最大的死敌詹姆斯党人共同反对威廉。在福斯河以北的东部低地地区，主教制派的势力依然强大，他们全部都是詹姆斯党人。光荣革命后的许多年里，在苏格兰六分之一的教区里，主教制派教士仍然保持着他们的生活方式和礼拜仪式。

如果说新政府的权力在低地地区都很虚弱，那么它在高地那边就是根本不存在的。山区部落不是由国王或者苏格兰的法律统
治的，而是由他们自己的首领。一些部落，例如坎贝尔部落，和威 218
廉结成了联盟；一些部落属于詹姆斯党人；还有一些将他们的效忠拿出来买卖。

事实上苏格兰只是被部分安抚了，而且威廉和玛丽的政府还面临着他们的前任所没有遇到过的其他困难。爱丁堡议会从革命发生的事件中也受到了自由的感染。在詹姆斯和查理的统治下，毫无自由可言，但是现在它断言自己已经是一支必须被考虑的力量了。从1689年到1707年的联合，苏格兰议会比它以往历史上的任何时期都要更加独立、更加活跃。

“光荣革命”以前，苏格兰议会一直都受到了严格的约束。从很久远的年代开始，就存在一个叫作“上院条款”的委员会，有权代表政府禁止议会讨论除枢密院希望它讨论的问题之外的任何事情。1689年这个委员会被废除了，议会现在可以自由地讨论任何问题，通过任何它希望通过的法律——在立法上只服从于国王的否决权。

219 这的确是一件比较新颖的事情，它使管理的难度加了倍。自从1603年王冠合并以来，苏格兰虽然名义上是一个独立的王国，但事实上一直是作为一个属国，通过由白厅发出来的命令进行统治。苏格兰的枢密院由伦敦任命，接受伦敦的指令，苏格兰议会只是确认枢密院的法令。但是“光荣革命”给苏格兰引入了一种新的独立精神，特别是她的议会。在查理二世统治时期，爱丁堡的议会没有代表西南部遭受虐待的人民对劳德戴尔的恶政做出有效的抗议。但是在威廉统治时期，议会开始谴责格伦科惨案并坚持进行调查和揭露。* 几年后，在达里恩殖民地事件中，英格兰和苏格兰

---

* 格伦科（Glencoe）为苏格兰高地地区的一处峡谷，麦克唐纳部落世代在此居住。1692年，在镇压苏格兰高地人的叛乱中，效忠英格兰国王威廉三世的苏格兰坎贝尔部落在这里屠杀了敌对麦克唐纳部落，妇孺皆未能幸免。——译者

的利益发生了冲突，爱丁堡议会勇敢地捍卫民族利益，公然反抗威斯敏斯特的议会，并对国王的政策表示质疑。当两国的议会和人民公开对抗时，同时戴着两顶王冠的国王的处境就会很困难。他好像是自己在反对自己。因而最后在安妮统治时期，苏格兰议会威胁要解除两个王冠的联合。他们声称一旦女王去世，他们选择 220
的国王将不是英格兰选择的汉诺威王室继承人。这样的一个国王不可能不是"觊觎王位者"。

"光荣革命"吹入苏格兰议会的新的独立精神使得这种双重君主制已经无法维持下去。英格兰和苏格兰或者再次有各自独立的国王，或者他们不再有各自独立的议会。在安妮女王统治下，做出的决定是令人高兴的：两个王国通过将各自的议会合并成一个单一的大不列颠议会，建立了更加紧密的联合。这是两个即将成为一个国家的两个民族在平等条件下缔结的条约。1707 年的联合允许苏格兰保留她自己独立的长老派教会，她自己的法庭；允许她与英格兰以及她的殖民地进行自由贸易，使她获利巨大。以前苏格兰一直被排斥在外的英格兰帝国现在变成了不列颠帝国，它们即将在其中发挥巨大的作用。苏格兰在联合中受惠甚多，是因为她足够强大。这与 1800 年与被征服的爱尔兰的联合非常不同。

事实上 1707 年的联合在以后的一代人的时间里进行得并不顺利，由于在苏格兰它并不受欢迎，詹姆斯党人叫嚣着要取消它。 221
但是在 1746 年后，事实证明，联合对于两个国家的繁荣昌盛都具有着不可估量的价值。这可以被看作是苏格兰"革命解决方法"采取的最终形式。在平等条件下联合的需要是由于"光荣革命"导致的苏格兰更强烈的独立性产生的。制定联合条约的那些人，希望

维护“革命解决方法”和汉诺威王室的继承权，反对詹姆斯党人复辟。

1689 年制定的苏格兰的“革命解决方法”，最终中止了这片土地长久以来一直遭受的最严重的苦难。它远远不是一个完美的解决方法。但至少它为联合铺平了道路，最终将苏格兰领向了一个真正和平和进步的时代——在乔治三世的统治下，苏格兰的精神和物质都取得了巨大的进步。休谟和罗伯逊、彭斯和斯科特的时代是苏格兰的黄金时代，她的贫困最终消解了，她的部落世仇缓和了，成为了历史和浪漫故事的素材。

爱尔兰是“革命解决方法”的“阿喀琉斯之踵”。但即使是爱尔
兰，在经过了波因河和利默里克的重新征服后，所做出的安排依然
222 维持了九十年，只是这种安排建立在武力的基础上。

1660 年查理二世复辟后，爱尔兰的情况并未发生大的变化。克伦威尔在爱尔兰所做安排的最恶劣的部分依然很稳固。大部分爱尔兰土地（大约在三分之二到四分之三之间）在新教徒地主手里，本地的天主教首领和地主受到排挤。受到这些异族统治者管辖的农民奉行的依然是天主教的宗教仪式，天主教是绝大部分受压迫民众奉行的宗教。不过，在少数地方，来自各个阶层的新教徒殖民者真正地占有了土地，特别是在乌尔斯特，在这里他们在当地居民中大约占一半。在这个欣欣向荣的殖民地里，新教徒又划分为英格兰人和苏格兰人，换句话说，就是国教徒和长老会派教徒。但是在面对共同的敌人，他们的祖先曾经剥夺了其财产的凯尔特天主教徒，所有的不列颠人和所有的新教徒有望共同行动。

当罗马天主教徒詹姆斯二世登上王位，当地居民必然会起来反抗新教徒的统治地位和克伦威尔做出的土地安排。不过此时他们不必举行起义，因为权力和法律都在天主教凯尔特人一边。詹 223
姆斯很快就做出决定，不再用克拉伦登这样的英格兰托利党人统治爱尔兰，而是利用泰康内尔伯爵詹姆斯·塔尔伯特，这位爱尔兰天主教徒恨不得马上就摧毁盎格鲁－苏格兰殖民地，如果必要的话准备将这座岛屿交到法国人手里。他改造了爱尔兰的法人团体，就像查理二世和詹姆斯二世在英格兰做的那样。迄今为止，所有的天主教徒都被排斥在市镇的管理机构之外——现在他们在这些政府机构里占据了绝对多数，甚至是在伦敦德里这样的城市里。对法官也进行了类似的改造，法律开始被很不公正地解释，以反对新教徒：靴子现在穿在别人的腿上了。与此同时，民兵和陆军的改造更加彻底。新教徒官兵被解职遣散，代之以天主教徒。

如果詹姆斯的权威没有受到挑战，如果泰康内尔新建立的天主教徒军队被派去占领伦敦德里和其他新教徒可能进行抵抗的中心，爱尔兰的历史可能就会被改写。但是詹姆斯将他的爱尔兰人军队调到了英格兰去压制他的英格兰臣民，乌尔斯特的新教徒殖民者因此得以在危机来临时建立起他们的防御体系。

1688 年 12 月，英格兰正在进行革命的消息使爱尔兰对立的 224
双方开始了公开的战争。数千农民拿起长矛做武器，或者从泰康内尔那里领取滑膛枪和弹药。分散在各地的新教徒处境困难，许多人被解除了武装，被抢劫一空并且关押起来。所有人都错误地坚信将会发生一次像圣巴托罗缪那样的大屠杀。成群的难民逃亡英格兰，但是那些勇敢者骑马佩剑，赶往北方的新教徒中心，加入了抵抗的队伍。

全岛五分之四的地区，包括东部或者说乌尔斯特的贝尔法斯特地区，都被詹姆斯国王的力量所控制。只有在乌尔斯特西部，恩尼斯基伦*和伦敦德里的人们宣布承认威廉国王在这一地区的权威，号召分散的爱尔兰新教徒集合在他们举起的战旗下。他们都是能征善战之士：善于组织和遵守纪律的精英分子，装备精良的骑兵，是生活在敌对居民中间已经习惯于自卫的拓荒者。在1689年春天，英格兰的政府和军队还处于混乱之中，威廉还没有能力给乌尔斯特送去任何援助，他们只能独立支撑。另一方面，在逃离英格兰后还不到三个月，詹姆斯就在爱尔兰登陆了，随同他的有法国的军官和用来招募当地农民的大批军火。

225 但是，詹姆斯在他人生中的这个时期，不管走到哪里，总要破坏军事行动。他不是将所有力量集中起来，在恩尼斯基伦和伦敦德里得到英格兰的援助之前拿下这两个地方，而是将注意力转向了政治方面，好像整个岛屿已经属于他了。1689年5月，他在都柏林召集了只包括六个新教徒的议会。这个后人或批评或赞扬得都有点过分的会议，所做的完全在人们的意料之中。它通过立法推翻了当年克伦威尔的解决方法，将土地从新教徒手里归还给了天主教徒，并且通过了一个针对大约2000人的剥夺财产和公民权法案。爱尔兰一半的精力和注意力都被吸引到了都柏林发生的这些事情上，以及由此在爱尔兰人、法国人、英格兰的詹姆斯党人中造成的个人和政治上的仇怨。只有一半的心思放到了征服北方新

* 英国北爱尔兰西南部城市（弗马纳郡首府）。——译者

教徒方面。

在这种氛围中，著名的伦敦德里围城战发生了。从 1689 年 4 月到 7 月的最后一天，英勇的伦敦德里人民抵挡住了一支庞大军队的围攻和最严重的饥荒，直至最后被一支来自英格兰的舰队解
救。皇家海军“达特茅斯”号上的船员用斧子砍断福伊尔河上的栏 226
障后，商船“欢乐山”号才和载满食物的僚舰到达了这座正在忍受着饥荒的城市的码头。围困即刻解除。与此同时，一直在进行着出色游击战的恩尼斯基伦人，在牛顿·巴特勒打败了詹姆斯一支 5000 人的军队。两周后，来自英格兰的第一支大部队在舒姆贝格公爵指挥下登陆了，乌尔斯特东部，包括贝尔法斯特，被一举解放了。

爱尔兰北部的新教徒殖民地保住了，这主要是靠他们自己的英勇战斗，这些已经被诗意化的英雄事迹至今仍然深刻地激励着他们的后代。

但是直到 1689 年结束，爱尔兰的其余地方仍然在詹姆斯控制之中。后世人可能会感到遗憾，这些土地没有能留在爱尔兰人手里，而是经过了两个多世纪的血泪之后，根据自然的法则，它才归还给了爱尔兰人。真实的历史毫无如此平坦的捷径可寻。在 1690 年，对立双方没有人就爱尔兰设想一个“合理的妥协”。事实上，詹姆斯和泰康内尔的统治已经使妥协不可能存在。

英格兰人没有想要妥协。托利党人和辉格党人一样急于恢复
英格兰失去的财产。1690 年正是托利党控制的下院为威廉装备 227
了一支大军去重新征服爱尔兰。

另一方面，爱尔兰人也是只想重新占领全岛，彻底根除可恨的

萨克森人。如果詹姆斯愿意为这个目标奋斗，他就是他们的国王，否则他们自己也要单干。他们不像苏格兰的詹姆斯党人，对斯图亚特王室有任何个人忠诚。但是不管在什么情况下，与法国的联盟对他们的成功都是至关重要的，路易源源不断地送来了大批军事援助，包括数目可观的军队。

先辈们，不管是辉格党还是托利党，对爱尔兰的实际情况都知之甚少，认为这只是件小事情，可以通过武力迫使整个爱尔兰民族改变信仰，或者至少可以压制住他们。他们错了，不过在一件事情上他们是正确的。他们认识到一个独立的、充满敌意的、由法国军队守卫的爱尔兰，对英格兰是致命的。英格兰与路易正处于战争之中，他的大军正威胁着要征服整个西欧。法国人和詹姆斯党人结成的联盟正严重威胁着这个矛盾重重的岛屿。1690 年威廉的宝座还是摇摇晃晃的。如果爱尔兰变成了法国陆军、舰队和私掠船的基地，英格兰很快就会被摧毁，或者被迫按照詹姆斯的条件接
228 受他回来。种种动机，不管是好的还是坏的，明智的还是愚蠢的——贪婪、愤怒、爱国主义、对自由和宗教的热爱——都驱使英格兰人重新征服爱尔兰。而威廉就是为他们做这件事的人。对他来说，波因河战役就是欧洲人民为了宗教自由和民族独立而与法国进行的伟大斗争的一部分。在法国人被赶出爱尔兰，他们在那里的支持者被制伏之前，没有什么可以在大陆上遏制住他们，并且英格兰的“革命解决方法”也时时处于危险之中。再次的征服，虽然对爱尔兰意味着奴役，对英格兰却意味着自由和安全，从长远看，对欧洲也是如此。

这次战争的国际性充分体现在波因河的两岸。在北岸，指挥

者是荷兰执政和英格兰国王，集结在他手下的是英格兰部队和乌尔斯特的殖民者，还有来自一半欧洲新教徒国家的部队和来自法国胡格诺教徒的流亡者。在南岸，不仅有缺乏训练的爱尔兰农民组成的乱哄哄的队伍和勇敢的爱尔兰骑兵，还有穿着白色外套的法国部队。

詹姆斯的军队在那一天覆灭了(1690 年 7 月 1 日)，他先是早早地逃离了战场，然后返回了法国。这使得获胜者占领了都柏林
和爱尔兰四分之三的地区。英国革命被挽救了，英格兰已经将她 229
的脚踏在了通往未来实力巅峰的第一级阶梯上。但与此同时爱尔兰却被投入了深渊之中。

虽然被詹姆斯抛弃了，但在一位新的民族领袖萨斯菲尔德的鼓舞下，爱尔兰人仍集结在宽阔的香侬河后面继续抵抗。香侬河岸的利默里克被威廉团团围住，但是就像一年前的伦敦德里，爱尔兰人也以相同的英勇精神保卫利默里克。围困最终被解除了，部分是由于萨斯菲尔德的英勇战斗，他成功地袭击了英格兰军队的补给线。威廉不得不退回，爱尔兰四分之一的地区没有被征服。但是在次年(1691 年)这项工作由他的副手完成了，他在阿斯隆突破了香侬河，在奥格瑞姆摧毁了爱尔兰军队，在对利默里克进行的第二次围困中迫使萨斯菲尔德不得不有条件投降。

《利默里克条约》结束了“光荣革命”在爱尔兰的战争，条约允许萨斯菲尔德带领那些自愿流亡国外的军队去法国为路易十四服役。在接下来的几代人时间里，在和英格兰的战争中他们及其后代成为法国军队中颇为重要的一部分。他们被诗意地称为“野
鹅”，这些野鹅每年都成群地飞往国外以反对他们的种族仇敌，毫 230

无疑问，这些意志坚定者的不断大批离去，是爱尔兰在外国枷锁下能够保持如此长时间平静的原因之一。

《利默里克条约》的另一项条款承诺爱尔兰的天主教徒可以继续享有“查理国王统治时期享有的特权”。这已经非常苛刻，但即使是这样一个可怜的承诺也没有被遵守。威廉的确曾努力试图阻止对《利默里克条约》的严重破坏，希望能够像查理二世以及他的爱尔兰总督奥蒙德那样，尽量减轻被征服的天主教徒所遭受的苦难。但是查理二世时代以后，革命已经削弱了国王特权，使英格兰议会更加彻底地掌握了对爱尔兰的政策。英格兰的辉格党和托利党议员们和都柏林议会的新教徒一样渴望着复仇。到1700年，因为进一步的没收，还留在爱尔兰地主手中的土地已经减少到不超过全岛土地的八分之一。盎格鲁－爱尔兰天主教地主阶级，本来能够在未来为两个民族之间的谅解发挥很大的作用，但由于这些没收措施实际上已经被彻底破坏掉了。

同样，在威廉和安妮统治时期，通过的新的刑事法使爱尔兰天
231 主教徒遭受的宗教迫害更加严重。在若干年里，政府曾试图根除爱尔兰的天主教信仰，其方法就是禁止农民举行他们的宗教仪式，禁止主教在爱尔兰册立新一代的神父。在乔治一世统治时期这种尝试被放弃了。事实证明，这些天主教徒是无法被改变信仰的，天主教神父们的活动也被允许变得更加公开。但是，试图将土地、财富、教育和社会权利掌握在新教徒手中的做法仍然持续了数代人之久。爱尔兰本土的上等和中等阶层被如此有效地剥夺和压制了下去，以至于神父成为了人民唯一的朋友和领袖。新教徒立法的结果使得爱尔兰成为了欧洲最直接由神父领导的国家。

虽然积极的宗教迫害政策渐渐止息，但是天主教徒在公民权
利和社会权利方面仍然受到一种令人无法忍受的限制。他们被禁
止担任爱尔兰议会的议员，也没有选举权；他们不能担任任何国家
或自治市镇的公职；不能担任律师；除了继承的土地，他们不能购
买任何土地；不能拥有武器；不能拥有价值五英镑以上的马匹。任
何新教徒只要愿意支付五英镑就可以占有他的天主教徒邻居狩猎
或载货用的马匹。这种令人作呕的法律将新教徒与天主教徒分离 232
开来，并培养了一种最糟糕的“上等人”精神。只是到了18世纪后
期，由于宗教自由和宽容精神这种精神才得以削弱，并开始了修改
和取消这些刑事法律的漫长过程。但造成的伤害已经无法弥
补了。

从威廉到乔治三世，英格兰的政治家和议员们是从两个角度考虑爱尔兰问题的——政治的和军事的；殖民地的和经济的。并且都完全是从英格兰的角度处理的。

对于英格兰来说，政治和军事方面的难题就是如何保证爱尔
兰的安全，防止法国的入侵和詹姆斯党人的叛乱，如何防止她变成
一个法国攻击英格兰及其商贸的军事基地。在战时控制住爱尔兰
并非一件易事，因为她的绝大多数居民都是信奉天主教的詹姆斯
党人，内心是和法国站在一起的。如果允许他们富裕，可以组织起
来并且接受教育，他们在法国的帮助下很可能就会将英格兰人赶
进大海了。因此，必须将他们控制在一种贫穷、无知和没有领袖的
状态下。在数代人的时间里，这种残酷的政策达到了它的目的。 233
1691年以后，再也没有战斗和叛乱了。甚至在1715年或者1745

年，当苏格兰的詹姆斯党人发动严重叛乱的时候，在爱尔兰却连一丝反叛的迹象都没有。这些令人满意的结果被归功于维持和复兴了克伦威尔的土地解决方法，将几乎全岛的土地所有权都控制在新教徒手中；还归功于那些刑事法，彻底压垮了爱尔兰天主教徒的意志。就像斯威夫特所说的，他们在政治上“就像妇女和儿童一样微不足道”。就此而言，这种政策取得了成功，但是对未来英格兰和爱尔兰两个民族的关系来说，这付出了一种怎样的代价啊！

其次，英格兰的政治家们将爱尔兰看作是一个殖民地，它的商业和农业应该受到鼓励还是抑制，要完全根据英格兰农场主、制造商和商人的利益来决定。在一个奉行重商主义哲学的年代。殖民地就是这个样子。更加不幸的是，爱尔兰的商业和工业利益恰好是英格兰的农场主和制造商嫉恨的那种。因此爱尔兰从英格兰的商业限制中遭受了比美洲殖民地更加严重的损失。为了取悦于英
234 格兰的农场主，查理二世的骑士议会禁止爱尔兰向英格兰出口牛。英格兰从来都不敢禁止苏格兰对它这样的牲畜贸易，不管是在联合前还是在联合后。为了取悦于英格兰的商人，查理二世的骑士议会在航海条例中不承认爱尔兰和英格兰有伙伴关系，航海条例在克伦威尔统治时期就已经适用于爱尔兰了。复辟时期的政治家们不允许爱尔兰与其他殖民地进行贸易，“光荣革命”时期的政治家们延续了这种政策。最后，“光荣革命”的政治家们又给了爱尔兰最后一记重击，1699 年英格兰议会通过法律，禁止一些种类的爱尔兰纺织品出口到世界的任何地方。之前已经有一个防止她向英格兰出口的抑制性关税。养牛业、养羊业和纺织业是爱尔兰新教徒的支柱性产业。为了迎合英格兰商业和农业利益集团的嫉

恨，英格兰议会对爱尔兰的所有这些产业都给予打击，但这和英格兰的政治利益是相违背的，英格兰的政治利益应该在爱尔兰培育起更多的新教徒人口。

如果我们考虑到那些刑事法律对爱尔兰天主教徒的迫害，那些商业性法律对爱尔兰新教徒的伤害，对于为什么爱尔兰人在传统中和心理上不尊重法律，就不会感到惊奇了。

新教徒居住的乌尔斯特也被这些英格兰人制定的商业限制所
妨碍。允许发展亚麻制品是因为它没有与英格兰的任何重大利益 235
进行竞争，因而成为了畜牧业、毛纺业和商业的一个可怜的替代品。早在 18 世纪就有成千上万的爱尔兰新教徒移民美洲，远远早于爱尔兰天主教徒向那里的移民。英格兰阻止爱尔兰的新教徒改善自己的生活，因为苏格兰和英格兰的新教徒要改善他们自己的生活，他们只得远赴美洲，带过去的是对英格兰的怨恨。

在宗教方面和在商业上一样，英格兰在爱尔兰的统治是非常卑鄙的，其结果就是分裂了新教徒群体。在天主教徒被那些刑事法压垮了的同时，长老会派教徒也被一些法律所折磨，这些法律是根据高教会派的利益通过的。乌尔斯特的苏格兰长老会派教徒，这些曾在“光荣革命”中的危机时刻，面对着詹姆斯的军队关闭了伦敦德里大门的人，在“革命解决方法”中却被当作一个下等群体对待，在社会和政治地位上介于受压迫的天主教徒和出身于英格兰的圣公会教徒之间，只有圣公会教徒才具有完全的公民权。

直到 1719 年才最终通过了一个针对爱尔兰长老会派教徒的宽容法案，使他们的礼拜仪式像在英格兰那样得到合法化。但即使是到了那时，政府恩惠方面的好事情也都是只留给那些爱尔兰

236 国教徒的，或者是给那些从英格兰派来想捞好处的人的。在整个18世纪，爱尔兰的长老会派教徒是在痛苦和屈辱中度过的，这是他们骄傲的精神不能轻易忍受的。他们不比英格兰的非国教徒情况更坏，但他们更加强大，因此更加憎恨他们受到的不公正待遇。正是长老会派中的这种积怨在18世纪的最后二十年给了反政府运动以力量。

英格兰施加于爱尔兰所有居民身上的形形色色的不公平待遇，不管是商业上的还是宗教上的，其基础是至关重要的宪法问题——英格兰议会和枢密院声称拥有并行使凌驾于爱尔兰议会和行政部门之上的权力。爱尔兰的行政部门完全服从于英格兰大臣们的命令，英格兰人在爱尔兰教会和政府机构中一直占有着最好的位置。“光荣革命”后的一百年里，没有爱尔兰人曾担任过爱尔兰大臣，政府中最好的位置都是为英格兰来的人保留的。甚至爱尔兰的圣公会派教徒，虽然对比天主教徒和长老会派教徒，他们垄
237 断了教会和政府中的职位，但事实上他们享有的也只是爱尔兰恩惠权的残羹剩肴，这些恩惠是英格兰政治家们用来酬劳威斯敏斯特自己本党追随者的。爱尔兰教会和政府中的恩惠权被看作英格兰政党体制中一件很有用的附属物，政治上胜利者的战利品。

而且，根据亨利七世时制定的古老的《波伊宁斯法》(Poynings Law)，英格兰政府还控制了爱尔兰的立法权。“意欲通过的任何爱尔兰法案的最终形式必须由英格兰当局决定，其有权修改或者拒绝爱尔兰议会提交的法案。”爱尔兰议会，“虽然它可以拒绝从英格兰返回给它的经过修改的法案，但无权修改它”。而且，英格兰

议会可以越过都柏林的议会自由地为爱尔兰进行立法，例如它立法禁止爱尔兰向大陆出口毛纺织品，1714 年通过《教派分裂法》查禁长老会派在爱尔兰开办的学校。

在接下来的四代人的时间里，接连有四位人物对英格兰加于爱尔兰宪法上的束缚提出抗议。他们都是新教徒，但是他们代表了整个爱尔兰人民大众的意见。他们分别是威廉统治时期的莫里
努科斯，乔治一世统治时期的迪恩・斯威夫特，乔治三世统治前期 238
和中期的弗拉德和格雷顿。

四个接连的抗议，变得越来越重要和难以抗拒，最后格雷顿的抗议变成了 1782 年一次真正的革命。

莫里努科斯在威廉三世统治时期开启了这场运动，但他仅仅写了一本小册子，遭到英格兰议会下院的谴责。小册子只是引发了人们的讨论而已。但是它使人们开始讨论一个他们再也不会忘记的问题。因为莫里努科斯声称爱尔兰议会拥有完全和唯一的权限来为爱尔兰立法，处于和英格兰议会完全平等的地位。他声称爱尔兰议会和政府对英格兰的服从是英格兰人的篡夺行为。爱尔兰是一个单独的王国，和英格兰同属于一个国王，但不是一个被征服的国家。如果威斯敏斯特的议会想为爱尔兰立法，莫里努科斯说，爱尔兰就必须在一个帝国议会里有她自己的代表。

莫里努科斯论点上的一个漏洞就是，在 1690—1691 年，爱尔兰——从天主教爱尔兰的意义上来说——实际上被英格兰征服
了，的确是一个被征服的国家，是在波因河和奥格海姆被征服的。239
英格兰人对莫里努科斯最有效的回答就是——“如果你们爱尔兰新教徒想独立于英格兰的议会和政府，我们就将撤回我们的部队

和军舰，接下来天主教徒就将骑在你们头上，割断你们的喉咙”。事实上，当时的一些英格兰作家如查尔斯·戴夫南特就是这样说的。只要爱尔兰的新教徒想保持刑事法和新教徒的支配地位，他们事实上就要依靠英格兰，不管历史事实和法律依据是什么。只是到了格雷顿生活的时代，爱尔兰的新教徒开始谋求与天主教徒的和解，他们在面对英格兰时才有资格强调莫里努科斯要求独立的理论，1782 年他们就是这样做的。

直到那一年，对于爱尔兰的“革命解决方法”一直没有变化。就像我们看到的，这是曾经有过的最坏的解决方法之一，关于它最好的评价也只是认为它将一个已经存在的坏制度进行了延续和加强。在精神上它是和英格兰的“革命解决方法”完全相反的，因为它仅仅代表了征服精神和专制权力。

第八章　结语 240

“光荣革命”给了英格兰一种有规则的和法律下的自由，通过这种自由它也给予了她力量。她经常滥用这种力量，就像在关于爱尔兰和奴隶贸易这种事情上，直到她改弦更张。但是总的来说，如果没有英格兰的日益强盛，人类呼吸的空气将会更加严酷。因为她的力量基础不仅建立在她的自由宪政上，还建立在她的后代发展起来的航海和商业事业上，这是一种天然上和自由同源的力量，而强大的武力在本质上正好与此相反。

“光荣革命”的成功，机会的因素，或者说纯粹的好运气，是决定性的。詹姆斯二世事件，给了我们的先辈一个纠正自己的机会。在查理二世统治末期，一切看起来都预示着英格兰或者很快将变成一个强大的国家，或者将变成一个自由并且和平的国家。过去半个世纪的党派暴力纷争已经使她匍匐在了一个由法国支持的专
制王权下。看起来有两件事情她一定会选择其一：或者这种体制 241
不受挑战地延续下去，直到所有宗教和政治上的反对派都被粉碎，而法国则征服了西欧；或者是另一轮的循环，很可能是另一场内战，导致的是再一次的颠覆和毁灭，但是不会有真正的“解决方法”。没有什么可以拯救英格兰，除了一种看上去不可能发生的情况——托利党和辉格党、国教徒和非国教徒的和解。詹姆斯二世

的到来使奇迹发生了，他将那些过去的老对手联合在了一起反对他。英格兰的先辈们既没有错过也没有滥用这个千钧一发的机会。他们建立了一种新的政体，它对于反对詹姆斯政策的绝大多数人都是可以接受的。因此这个解决方法包含有真正的“国民的自由”，而不仅仅是某一个获胜党派的自由，而大部分革命产生的都是这种（获胜者的）自由。

这是一次“中庸之道”的胜利，它既不是辉格党也不是托利党狂热激情的胜利，而是哈利法克斯这种机会主义者精神上和思想上的胜利。毫无疑问，这种被“光荣革命”推崇备至的“中庸”因素，一直就潜伏在英格兰民族天性中的某个地方。但是在 1640—1685 年，它却很难有机会得行其道。

1689 年的“革命解决方法”在本质上就是要遏制住政治上和
242 宗教上的狂热主义。在那个时代，宗教是政治的主要动力，但是在“光荣革命”后，一个朝向宗教自由主义的运动首先在英格兰，其后在整个欧洲发展起来。这个宗教自由主义运动，其根源可以追溯到查理二世统治时期的宫廷社会和广教会派神学家那里，它是“革命解决方法”合理性的一个主要原因，因为 1689 年的人们发现宗教宽容的思想并不再像 1640 年和 1660 年时那样看起来那么令人厌恶。“光荣革命”的主要成果之一就是宗教自由主义的影响在 18 世纪既广泛又持久。在安妮女王统治末期发生的萨谢弗雷尔博士案件和通过的《教派分裂法》，是教派狂热情绪的最后一次大爆发，宗教迫害的精神已经衰退，并在汉诺威王朝时期彻底消亡了。在统治阶层中“狂热”已经变成了一个不受欢迎的行为。即使是卫斯理的“狂热”也不是以前的清教徒那种有暴力倾向和迫害倾

向的信条。生活在一个宗教宽容的时代，卫斯理公会教徒没有必要通过武力来维护他们的信仰。这些新的清教徒不会再想去砍下坎特伯雷大主教的头，因为劳德的温和的继任者们不会否认他们有权利举行宗教集会，他们可以率性而为。*

在 18 世纪中期，宗教狂热已经消亡，而未来将危害人类的阶 243
级和种族的狂热主义尚未形成。在“英国革命”和“法国革命”之间这段短暂的幸福时光里，英格兰人通过这些年平静的生活学会了尊重彼此生活空间的艰难艺术。而且在那个最要求合法性的时代里，国王和他的臣民、统治者和被统治者，也都学会了遵守法律。

这种宽容和尊重法律的根深蒂固的习惯，在“光荣革命”后的一百年间深深地渗入了英格兰人的心灵之中，并在新时代的压力——民主运动、“法国革命”、巨大的产业变革所产生的诸多社会问题来临的时候，产生了作用。尊重宪法权利的习惯对反雅各宾派运动中的暴力活动发挥了某种遏制作用，同样的心理习惯也将激进派和工人阶级的运动纳入了法律和议会政治的渠道。19 世纪初，工业革命的受害者在为他们所受伤害寻求补救方法的时候，他们要求的是选举权和议会改革，而不是推翻整个制度。这种令人高兴的选择，部分是由于英格兰的民族特性，但更大程度上应该归功于英格兰的国家制度，它使被压迫者看到了一条躲避灾害的
途径。“光荣革命”从根本上挽救了王权和其他很多东西。 244

对社会生活中普遍存在的弊病的纠正，涉及各个方面的人道

* 根据《克拉伦登法典》，除家人聚会外，非国教徒不得举行五人以上的集会，否则将会受到罚款、监禁等严厉的处罚。——译者

主义运动，在18世纪就已经开始了，而此时民主政治问题尚未提出。以我们现代的观点来看，18世纪是粗野和冷酷的时代，特别是对穷人，但是和以前的时代相比，它已经不是那么粗野和冷酷了。它见证了慈善学校运动的兴起，它不同于以往的精英教育，虽然是一次不够完美的尝试，但第一次向广大的普通民众普及了初步的教育。医疗条件的提高极大地降低了高死亡率，在以前的所有时代这种高死亡率都被认为是一种自然规律。还有霍华德对监狱生活状况的调查，废奴运动，减轻酷刑的运动等等。沿着18世纪这些思想家和慈善家先驱奠定的路线，其中的许多事业在19世纪得以完成。

这个在实践中没有受到任何限制的伟大的人道主义运动，是一个新时代的开端。它是在一种温和的社会环境中发展起来的，而这种环境正是革命解决方法造成的，它使得宗教和党派间的斗
245 争趋于缓和。如果斯图亚特王朝时代的宿怨仍然激烈地持续到以后的数代人，这种人道主义运动是不可能兴起的。

对1688年“光荣革命”的最终评价取决于我们的选择，是要一个专制王权还是一个议会制政府。詹姆斯二世迫使英格兰必须在两者间做出一个一劳永逸的选择：他拒绝住在任何只有一半的房子里。需要快速果断地做出选择，因为复辟时期的妥协体制虽然在那个时期的确非常有用，但导致的是英格兰在海外事务上的软弱，在国内则是接连不断的激烈斗争。

面对着那些新的、比欧洲的旧制度（ancien regime）* 更加可

---

* 尤指1789年法国大革命前欧洲大陆，特别是法国的社会及政治制度。——译者

怕的专制主义政府，一个靠讨论运行的政府体制有其自身的缺点，今天在其新的形式下英格兰依然承受着这些缺点。总之，如果英格兰人更愿意选择双足早已植根其上的道路，就必须要赞美这个在“光荣革命”中一劳永逸地做出的选择。

参 考 文 献

1. 近现代著作

麦考莱(Macaulay):《英国史》(*History of England*)。对光荣革命历史的研究很容易变成对麦考莱以及他的批评者的研究。忽视麦考莱的《英国史》是不可能的,但是自他的著作写成后,已经有了许多新的发现和成果出版,而且麦考莱有许多个人的偏见需要被纠正,特别是对一些人物的评价,例如马尔波罗、克莱武豪斯、佩恩。牛津出版社以低廉的价格出版了一版麦考莱的《英国史》,其中包括了T.F.亨德森(T. F. Henderson)所做的批评性注释。这本书很有用。查尔斯·福斯爵士(Sir Charles Firth)所著的《关于麦考莱〈英国史〉的评论》(*Commentary on Macaulay's History of England*)更加权威,也非常有趣,这本书在1938年作者去世后才出版(麦克米伦)。福斯对这一历史时期的丰富知识及其公正评价,使得这本书对于我们了解麦考莱的错误和优点都有着极高的价值。而且福斯著作的优点还不止这些,它还是我们了解当时的社会状况和"光荣革命"这一戏剧性事件中的任务的一个向导。应该说,我就是用福斯的这本书检查核对了我叙述中的许多观点。

H. C.福克斯克罗夫特(H. C. Foxcroft):《哈利法克斯侯爵乔治·萨维尔的生活和通信集》(*Life and Letters of Sir George Savile, Marquis of Halifax*),1898年。该书包括了哈利法克斯写的小册子和信函,福克斯克罗夫特女士对大量信息的充分掌握,使得这两卷书成为了解"光荣革命"历史的可靠指南。

利奥波德·冯·兰克(Leopold von Ranke):《英国史》(*History of Eng-*

land)，1875 年英译本，第 4 卷。

基斯·费林（Keith Feiling）：《托利党史（1640—1715 年）》（*History of the Tory Party, 1640—1715*）。

C. N. 克拉克教授（Prof. G. N. Clark）：《晚期斯图亚特王朝（1660—1714 年）》（*The Later Stuarts, 1660—1714*），1934 年。

温斯顿·丘吉尔（Winston Churchill）：《马尔波罗》（*Marlborough*），第 1 卷，1933 年。

霍尔兹沃思教授（Prof. Holdsworth）：《英国法律史》（*History of English Law*），第 6 卷，尤其是第 163—263 页，1924 年。

马里恩·E. 格鲁（Marion E. Grew）：《威廉·本廷克和威廉三世》（*William Bentinck and William Ⅲ*），引自《维尔贝克论文集》的重要文献，1924 年。

西摩·斯科菲尔德（Seymour Schofield）：《血腥审判中的杰弗里》（*Jeffreys of the Bloody Assizes*），1937 年。

希莱尔·贝洛克（Hilaire Belloc）：《詹姆斯二世》（*James Ⅱ*），1934 年。

F. M. G. 海厄姆（F. M. G. Higham）：《国王詹姆斯二世》（*King James Ⅱ*），1934 年。

H. D. 特雷尔（H. D. Traill）：《威廉三世》（*William Ⅲ*）（12 位英国政治家丛书），1888 年。

A. J. 格兰特教授（Prof. A. J. Grant）：《胡格诺派》（*The Huguenots*）（霍姆大学图书馆），第 6 章，“南特敕令的废除”，《剑桥现代史》（*Cambridge Modern History*），第 5 卷。

J. H. 普拉姆（J. H. Plumb）：《1689 年议会的选举》（*The Elections to the Convention Parliament of 1689*），载《剑桥历史学刊》，1937 年。

苏格兰和爱尔兰

R. S. 雷特（R. S. Rait）：《苏格兰议会》（*The Parliaments of Scotland*），1924 年。

A. V. 戴西和 R. S. 雷特（A. V. Dicey and R. S. Rait）：《论苏格兰联

合思想》(*Thoughts on the Scottish Union*),1920年。

埃德蒙·柯蒂斯教授(Prof. Edmund Curtis):《爱尔兰史》(*History of Ireland*),1936年。

斯蒂芬·格温(Stephen Gwynne):《爱尔兰史》(*History of Ireland*),第29—32章,1923年。

R. H.默里(R. H. Murray):《革命中的爱尔兰及其解决方法》(*Revolutionary Ireland and Its Settlement*),1911年。

查理·M.安德鲁教授(Prof. Charles M. Andrews):《美国殖民时期史》(*Colonial Period of American History*),第3卷,1937年。

2. 当代图书与文献

伯内特主教:《他那个时代的历史》(*History of His Own Time*)(与荷兰的威廉合写),同样参见克拉克和福克斯克罗夫《伯内特生平》(*Life of Burnet*),1907年。

《爱斯勃雷伯爵托马斯回忆录》(*Memoirs of Thomas, Earl of Ailesbury*),罗克斯堡俱乐部,1890年。

《约翰·里尔斯比爵士回忆录》(*Memoirs of Sir John Reresby*),安德鲁·布朗宁(Andrew Browning)编,1936年。爱斯伯雷和里尔斯比虽然都指责詹姆斯的政策,但就个人而言,两人都忠诚于詹姆斯二世。

詹姆斯·麦克弗森(James Macpherson):《原始论文》(*Original Papers*),1775年。这是关于这一时期的重要的政府文件集,包括了从《詹姆斯二世自传》(*Life of James Ⅱ Written by Himself*)这本饱受争议的著作中选取的片段,该书后来在1816年由J. S. 克拉克(J. S. Clarke)全文出版。关于詹姆斯二世的生平,可以看兰克《英国史》(英译本,1875年)第6卷第29—45页和温斯顿·丘吉尔《马尔波罗》第1卷第21章。这些作品都有一定程度的可靠性。

《克拉伦登伯爵和罗彻斯特伯爵的通信(1828年)》(*Correspondence of the Earls of Clarendon and Rochester*(*1828*)),尤其是《克拉伦登伯爵亨利日记(1687—1690年)》(*Diary of Henry, Earl of Clarendon, 1687—1690*),第

2卷。该书主要反映了极端派托利党人的观点。

《〈刑事法〉和〈宣誓条例〉:1687—1688年詹姆斯二世提议的废止问题》(*Penal Laws and Test Act: Questions Touching Their Repeal Propounded by James Ⅱ in 1687—1688*),乔治·达克特爵士(Sir George Duckett)编,1882—1883年。该书主要讲述的是詹姆斯如何对付各郡的郡守和治安法官,以及他试图整理议会的做法。关于同样的主题可以参见《1688年一个乡绅的日记》(*Diary of a Country Gentleman in 1688*);约翰·纳奇布尔爵士的日记,哈罗公学校长P.C.韦拉科特(P. C. Vellacott)编,载《剑桥历史学刊》,1926年。

科贝特(Cobbett):《议会史》(*Parliamentary History*),第4—5卷,和安奇特尔·格雷(Anchitell Grey)《下院的争论》(*Debates of the House of Commons*),"为了议会进步"。

《选举章程、案例和文件》(*Selected Statutes, Cases and Documents*),查尔斯·格兰斯·罗伯森爵士(Sir Charles Grant Robertson)编,1935年新版。

《国家审判》(*State Trials*),第11—12卷。"历史手稿委员会"(Historical Manuscripts Commission)的伟大收藏品是一个保存家族文件和国家文件的仓库,对于这一历史时期和其他所有历史时期的研究,都应该在这里面寻找资料,例如《达特莫斯手稿》(*the Dartmouth MSS.*)(1887年),第214—232页,记录了詹姆斯的海军上将在危机中的行为。

《法国驻英国大使巴瑞龙1685年致路易十四书信集》(*Letters of Barillon, the French Ambassador in England, to Louis XIV, for the Year* 1685),在查尔斯·詹姆斯·福克斯(Charles James Fox)1808年出版的《詹姆斯二世》(*James Ⅱ*)的末尾可以找到。

《威廉致其亲信本廷克书信集》(*William's Letters to His Confidant, Bentinck*)(1688年法语版),收入雅皮克斯博士(Dr. Japikse)《威廉三世与汉斯·威廉·本廷克通信集》(*Correspondentie van Willem Ⅲ en van Hans Willem Bentinck*),第1卷,海牙,1927年。

索　　引

(条目后的数字为原文页码,即本书边码)

图书在版编目(CIP)数据

英国革命:1688—1689/(英)G. M. 屈威廉著;宋晓东译. —北京:商务印书馆,2024
(汉译世界学术名著丛书:120年纪念版:珍藏本:增订本)
ISBN 978-7-100-23714-7

Ⅰ.①英… Ⅱ.①G…②宋… Ⅲ.①英国资产阶级革命—1688-1689 Ⅳ.①K561.41

中国国家版本馆 CIP 数据核字(2024)第 077297 号

汉译世界学术名著丛书
(120 年纪念版·珍藏本·增订本)
英国革命
1688—1689
〔英〕G. M. 屈威廉 著
宋晓东 译

商务印书馆出版
(北京王府井大街 36 号 邮政编码 100710)
商务印书馆发行
北京中科印刷有限公司印刷
ISBN 978-7-100-23714-7

2024 年 5 月第 1 版 开本 710×1000 1/16
2024 年 5 月北京第 1 次印刷 印张 11½
定价:116.00 元